O dia em que a criatura humana entender que o exercício do ódio a mantém distante da paz e da felicidade que busca ansiosamente, decidirá enamorar-se eternamente pelo amor, quando, então, entrará na posse da paz interior, que é a felicidade completa proposta por Jesus COM A construção do reino de Deus dentro de cada um de nós.

O autor.

FICHA CATALOGRÁFICA

(Preparada na Editora)

	Forni, Ricardo Orestes, 1947-
F83p	*As propostas do amor* / Ricardo Orestes Forni. Araras, SP, IDE, 1ª edição, 2016.
	320 p.
	ISBN 978-85-7341-693-0
	1. Romance 2. Espiritismo I. Título.

CDD-869.935
-133.9

Índices para catálogo sistemático

1. Romance: Século 21: Literatura brasileira 869.935
2. Espiritismo 133.9

AS PROPOSTAS
do
Amor

ISBN 978-85-7341-693-0
1ª edição - setembro/2016

Copyright © 2016,
Instituto de Difusão Espírita - IDE

Conselho Editorial:
Hércio Marcos Cintra Arantes
Doralice Scanavini Volk
Orson Peter Carrara
Wilson Frungilo Júnior

Coordenação:
Jairo Lorenzeti

Revisão de texto:
Mariana Frungilo Paraluppi

Capa:
César França de Oliveira

Diagramação:
Maria Isabel Estéfano Rissi

INSTITUTO DE DIFUSÃO ESPÍRITA - IDE
Av. Otto Barreto, 1067 - Cx. Postal 110
CEP 13600-970 - Araras/SP - Brasil
Fone (19) 3543-2400
CNPJ 44.220.101/0001-43
Inscrição Estadual 182.010.405.118
www.ideeditora.com.br
editorial@ideeditora.com.br

Todos os direitos reservados. Nenhuma parte desta publicação pode ser reproduzida, armazenada ou transmitida, total ou parcialmente, por quaisquer métodos ou processos, sem autorização do detentor do copyright.

RICARDO ORESTES FORNI

AS PROPOSTAS
do *Amor*

"Vigiai e orai" JESUS

Dedicatória

*Dedico este livro aos meus pais,
Ricardo e Cacilda, que proporcionaram
meu retorno à existência atual,
pelas portas da reencarnação.*

SUMÁRIO

     O Céu e o inferno 11
1 - Dividindo com você 15
2 - O inferno de Afrânio 19
3 - O vaga-lume 29
4 - Os planos sinistros 39
5 - No *Recanto de Luz* 49
6 - A tarefa prossegue 63
7 - O primeiro ataque: o sexo 75
8 - Nova advertência 87
9 - O segundo ataque: o álcool 97
10 - O bloqueio pela culpa 115
11 - O terceiro ataque: melindres 127
12 - O ataque prossegue 143
13 - Na casa de Alfredo 159
14 - O telefonema 177
15 - Conhecereis a verdade 191
16 - O nascimento de André 205

17	-	Esclarecimentos	217
18	-	O "bicho"	229
19	-	Novas investidas	251
20	-	Problemas	265
21	-	Persistindo no mal	277
22	-	Graves acontecimentos	293
23	-	As propostas do amor	305

O CÉU E O *Inferno*

Um jovem de 18 anos estava atacado por uma doença do coração, declarada incurável. A ciência havia dito: ele pode morrer em oito dias, como em dois anos, mas não passará disso. O jovem o sabia; logo deixa todo o estudo e se entrega aos excessos de todos os gêneros. Quando lhe ponderaram o quanto uma vida de desordem era perigosa na sua posição, ele respondeu: Que me importa, se não tenho senão dois anos para viver! De que me serviria fatigar meu Espírito? Eu gozo o que me resta e quero me divertir até o fim. Eis a consequência lógica do nihilismo.

Se esse jovem fosse espírita, ele teria dito: a morte não destruirá senão o meu corpo, que deixarei como uma veste usada, mas meu Espírito viverá *sempre. Serei, em minha vida futura, o que fiz de mim mesmo nesta; o que pude adquirir em qualidades morais e intelectuais não estará perdido, porque isso será igualmente aquisição para o meu adiantamento; toda imperfeição de que me despojar é um passo a mais para a felicidade; minha felicidade ou minha infelicidade futuras dependem da utilidade, ou da inutilidade, da minha existência presente. É, pois, do meu interesse aproveitar o pouco tempo que me resta, e evitar tudo o que poderia diminuir as minhas forças.*

Qual dessas duas doutrinas é preferível?

Allan Kardec

(*O Céu e o Inferno*, capítulo I, Ide Editora.)

Amigo (a) leitor (a), embora não vitimados por alguma doença fatal no presente momento, sabemos bem, como o expressado no manifesto popular, *que ninguém ficará para semente*. Estamos no trem da existência atual, em constante movimento, e que, em um determinado e imprevisível dia, por algum motivo, esse trem deterá a sua marcha e teremos que desembarcar, agrade-nos ou atemorize-nos tal realidade, na estação da imortalidade. Mais simplesmente falando, retornaremos para o grande Lar de onde viemos um dia. O local que significa para nós, Espíritos imortais, a morada definitiva.

Nossa felicidade ou infelicidade após o desembarque inevitável, como bem coloca Kardec no trecho acima, depende da utilidade ou inutilidade da presente existência.

Em sendo assim, deixo a pergunta para todos nós: analisando a sua consciência, como estará você ao desembarcar na estação da grande realidade, onde teremos de apresentar a devida prestação de contas a nós mesmos? O que iremos encontrar no mundo real e perene, onde não conseguiremos apresentar desculpas pelo que não foi realizado e deveríamos ter feito e por aquilo que, tendo sido realizado, a nossa consciência nos reprova? Enquanto o trem da existência física está em movimento, sempre é tempo de modificarmos o curso dos acontecimentos. Fale com o maquinista do seu trem cujo nome é *consciência*.

O autor

Capítulo 1

DIVIDINDO COM *Você*

Permita-me dividir com você uma história muito bonita e instrutiva do Espírito Neio Lucio, por meio da mediunidade abençoada e saudosa de Chico Xavier, contida no livro *Alvorada Cristã*, intitulada *O Espírito Da Maldade*.

Existia uma árvore muito frondosa que abrigava um casal de passarinhos feliz com os seus filhotes. A mãe zelosa cuidava deles com muito carinho enquanto o pai buscava o alimento para toda a família. Como toda situação onde a paz e a felicidade imperam causa inveja aos maldosos, o Espírito da Maldade resolveu destruir aquele cantinho feliz aqui na Terra. Como ele, de si próprio, não podia causar o mal diretamente, passou a procurar alguém a quem pudesse sugerir o seu plano, que era exatamente matar o casal de pássaros juntamente com os seus lindos filhotes. Passou, então, a procurar por alguma criança que pudesse concretizar seus desejos.

Primeiramente, foi até a casa de Joãozinho, filho de dona Laura. Acontece que o Espírito da Maldade encontrou o menino cuidando do seu irmão menor e não pode utilizar a cabeça daquela criança ocupada com um boa ação para executar seus planos de matar os passarinhos. Entretanto, não desistiu.

Correu até a residência de Zelinha com a mesma intenção, filha de dona Carlota, mas a menina estava tricotando uma blusa sob a orientação materna e, novamente, o Espírito da Maldade não conseguiu alguém para dar sequência aos seus planos. De novo não desistiu. Os Espíritos voltados para o mal não desistem facilmente.

Procurou, dessa vez, o menino Quincas, filho do senhor Vitalino, que morava em uma chácara, mas o Espírito da Maldade deu azar novamente. A criança, obediente ao pai, colaborava plantando mudas de laranjeiras enquanto o progenitor explicava a bondade da chuva, que Deus faz descer do alto para que a lavoura produza o alimento necessário ao homem. Novamente, o Espírito da Maldade viu seus planos frustrados. Pensam que ele desistiu? Não! Eles insistem e persistem em seus planos.

Correu até a casa de Marquinhos, filho de dona Conceição, menino mimado pela mãe, que não o deixava trabalhar e protegia a sua vadiagem. Ele tinha doze anos e a cabeça desocupada. Você sabe como é: cabeça vazia, oficina do... Isso mesmo!

Percebendo a brecha mental que Marquinhos oferecia por não se ocupar com nada construtivo, sugeriu: "Vamos matar passarinhos?"

É lógico que o menino não lhe ouviu a voz, mas recebeu, através da mente, a sugestão maldosa e, por não ter nada de bom que fazer, aceitou a sugestão do Espírito da Maldade. Despertou nele um desejo inesperado e incontido de caçar passarinhos. Sem que percebesse, foi conduzido pelo Espírito mau até o ninho das pobres avezinhas e matou uma a uma impiedosamente.

Todos os Espíritos voltados para o lado negativo da Vida só podem agir quando encontram quem com eles se afinam. Principalmente, quando temos nossas mentes desocupadas e voltadas para o lado não construtivo da existência.

A propósito, o que você está fazendo neste momento, ou o que está ocupando a sua mente neste exato instante?

Capítulo 2

O INFERNO DE

Afrânio

"As beatas da Terra tinham razão! O inferno realmente existe! Estou mergulhado nele! Quando adentrei aquele hospital dos homens, não cogitava sobre a minha partida do mundo. Entretanto, a única explicação que consigo elaborar é a de que sucumbi. Não vejo mais ninguém conhecido. Nem familiares, e muito menos amigos. As visitas das pessoas que levavam uma palavra de bom ânimo desapareceram. E vejo-me neste lugar imundo onde a luz do sol não consegue penetrar. Onde o ar é irrespirável. Onde o solo é um pântano horroroso. Onde os odores são fétidos. Gritos lancinantes contendo maldições circulam pela atmosfera pesada e insalubre. Onde posso estar senão no inferno das religiões que mais dividem os homens do que os aproximam? E os meus acusadores? Chamam-me de ladrão! Nunca roubei alguém. Acusam-me de assassino, e minhas mãos nunca empunharam uma arma! Lançam-me aos ouvidos outras tantas acusações que só podem ser de demônios ocultos e que se comprazem com meus sofrimentos, atormentando-me às ocultas para infundirem mais pavor. Por isso, por essa pequena amostra que vivo por tempo que nunca acaba, num renovar infeliz de repetições enlouquecedoras, é que estou convencido de que fui atirado no inferno dos religiosos."

Eram os pensamentos desesperados de Afrânio, que realmente deixara o corpo por meio do comprometimento da sua saúde física e moral, mergulhando nas consequências da colheita após a livre semeadura.

– Assassino!
– Ladrão!
– Hipócrita!
– Aventureiro!
– Maldito seja!

As acusações se renovavam, oriundas de seres que não conseguia vislumbrar. Vultos deslizavam como sombras rápidas, lançando suas imprecações e desaparecendo na escuridão do local de sofrimentos onde Afrânio se encontrava. E a consequência dessa situação era o questionamento, por parte dele, sobre um Criador que existiria conforme ouvira dizer e que seria a própria personificação do Amor.

"Deus? Que Deus é esse que cria seres destinados ao sofrimento eterno, como me encontro agora? Há quanto tempo estou nesta situação, não tenho sequer condições de avaliar! Mas tenho a lucidez suficiente para gritar, onde Ele está, que não se importa com as criaturas como eu, que dizem as religiões do mundo serem filhos Dele. Deus? Onde está, que ignora o que se passa neste lugar imundo de miséria e sofrimentos inomináveis? Para que existe? Para punir insensivelmente suas criaturas conforme ensinam as religiões da Terra? Responda se é que realmente existe! Ou, pelo menos, num ato mínimo de bondade, extinga esse meu existir de padecimentos sem fim. É preferível o aniquilamento total, o não existir, do que esta situação de angústia interminável!"

Mas quanto mais Afrânio lançava ao ar seus protestos, suas blasfêmias, mais açulava as vozes, que pareciam se inflamar diante da sua revolta como um combustível alimenta o fogo sobre o qual é atirado.

– Grite mais alto, imbecil! Quem sabe alguém o escute. Também já fizemos o mesmo e aqui nos encontramos. É onde também ficará, maldito! Ladrão, assassino, facínora, hipócrita! Daqui nunca sairá! Nem terá fim. Viverá eternamente neste sofrimento que se renova, malgrado nossa vontade! Estamos no inferno das tradições dos homens. Sofra sem esperança, infeliz!

— Deus! Eles têm razão. Tu nos criaste para assistir nosso sofrimento pela eternidade afora?!

— Não impute ao Criador aquilo que é responsabilidade nossa, meu irmão!

A voz inesperada saiu de um foco tênue de luz que se fazia presente naquele ambiente de trevas densas.

— Quem é você que, ironicamente, chama-me de irmão? — perguntou Afrânio, apurando a visão para divulgar com mais nitidez o vulto envolvido numa espécie de névoa.

— Sou seu irmão, porque também fui criado por Deus, nosso Pai, Afrânio.

— Ah! Você deve ser um daqueles bonzinhos que mereceram o paraíso depois da morte e vêm contemplar o sofrimento dos condenados ao inferno eterno.

— Como está longe da realidade, meu irmão! O inferno não é um local geográfico delimitado no Universo de Deus, como ensinam os homens que ainda jazem na ignorância sobre a imensidão do Amor Daquele que nos criou para a felicidade sem limites! O inferno, Afrânio, está dentro de cada um de nós na medida em que a nossa consciência sente-se em falta perante as Leis que determinam que devemos amar ao nosso semelhante e a nós mesmos e, da mesma forma, ao Criador, ao invés de semearmos o mal. Tampouco sou um privilegiado como julga, porque, se um único privilegiado existisse no Universo, a Justiça do Criador estaria maculada, e Ele não existiria.

– Se não existe este lugar, onde estou, então?! Quem são esses meus acusadores senão demônios que têm o prazer de me torturar, aumentando meu sofrimento?

– São sofredores como você mesmo, Afrânio. Da mesma forma, acreditam estar num local destinado ao sofrimento sem fim criado por Deus, que, no entanto, sendo a expressão máxima do Amor, que não temos ainda nenhuma condição de entender, não o criaria. E exatamente por ignorarmos, blasfemamos e atribuímos a Ele a causa do nosso sofrimento.

– E que local é este, se o inferno não existe? – voltou a perguntar, ainda mais revoltado.

– Este lugar transitório em que muitos estagiam é criação mental de uma consciência endividada perante si própria. Projetamos os desequilíbrios que guardamos em nosso íntimo sobre a matéria da dimensão espiritual em que vivemos, quando fora do corpo, e plasmamos, construímos, damos forma a essa matéria que retrata o que nos vai por dentro. À maneira da criança que modela a massa criada para o seu divertimento, nossos pensamentos são capazes de manipular a substância do mundo espiritual, onde estamos vivendo como Espíritos imortais. A diferença é que a criança modela a inocência que lhe vai na alma. Nós, endividados perante as Leis, modelamos e damos forma aos nossos pensamentos em conflito, causadores de nossos sofrimentos.

– Está tentando me convencer de que isso não passa de uma ilusão em que eu e esses outros malditos mergulhamos ao deixar o corpo na Terra?

– Não é uma ilusão. É uma realidade transitória destinada à reflexão de todos os que aqui se encontram, para a pausa necessária a uma mudança de vida. Mudança para melhor, no sentido de optarmos pelo amor ao invés de nos deixarmos arrastar pelos enganos da existência no corpo.

– Insiste em afirmar que esses meus acusadores não são demônios ocultos que têm o prazer de me atormentar?!

– São sofredores como você, Afrânio, até o dia em que, sinceramente, optarem pela mudança de atitudes perante a Vida, que a todos nos convida a amar incondicionalmente. Sendo tudo criação de nosso Pai, que é a expressão perfeita do Amor, Ele jamais teria criado seres voltados eternamente ao mal. Como pode o bem infinito dar origem ao mal sem fim?

– E por que me acusam de assassino se nunca matei ninguém?!

– Depende da interpretação que dermos à palavra **assassino**, Afrânio. Quem de nós estará isento de um dia não ter matado as esperanças de alguém que conosco conviveu? Matar esperanças é uma forma de assassinato perante as Leis maiores da Vida.

– Também nunca fui ladrão, como me acusam!

– Da mesma forma, tudo depende do sentido que dermos à palavra **ladrão**, meu amigo. Aniquilar a esperança em dias melhores é cometer um roubo perante as Leis Maiores. Quem de nós poderá alegar que, semeando o pessimismo, não praticou o roubo da esperança em dias melhores daqueles que conosco convivem?

– Aventureiro também nunca fui! Trabalhei duro enquanto no corpo.

– Novamente retornamos ao problema da interpretação do que nos é lançado no rosto. Aquele que passa toda uma existência sagrada no veículo físico descuidando-se da aquisição dos valores espirituais pode ser interpretado à feição de uma pessoa que passou pela vida em busca de aventuras, que terminam no túmulo. Os valores do mundo não se transportam para cá como uma grande maioria pensa. São detidos na alfândega do sepulcro. Viver toda uma existência atrás dos valores materiais nos caracteriza como aventureiros e não como alguém que entendeu a valiosa oportunidade de viver novamente em um corpo material.

— Então, meus acusadores estão certos?!

— O conceito do que seja certo ou errado depende da consciência de cada um. Não temos o direito de acusar a quem quer que seja, porque também já vivenciamos os mesmos erros. O que estou tentando dizer é que são criaturas em sofrimento como você e não demônios criados para atormentá-lo.

— E onde se encontram esses seres desta região infernal? Aprendemos, enquanto entre os homens, que o inferno está repleto dessas criaturas destinadas a castigar os que aqui chegam.

— Você está reincidindo no mesmo conceito errado! Afrânio, diga-me uma coisa: você acha que um pai coloca um filho no mundo com a finalidade de vê-lo sofrer, e não para ser feliz? Um pai que arquitete junto com a sua esposa a concepção de um filho para destiná-lo à infelicidade?

— Pode até ser que tenha, mas nunca encontrei nenhum.

— Como, então, julgar que Deus, sendo perfeito, tivesse nos criado com essa finalidade sabendo, por antecipação, que iríamos ser destinados a um inferno sem fim? Dessa forma, Ele, sendo presciente e onisciente, saberia que aquele seu filho estaria fadado ao desastre inevitável desde a sua criação, e isso é inadmissível, pois nos dotou de livre-arbítrio, que nos dá a oportunidade de modificar o nosso destino.

– Se aqui não é o inferno, quando poderei sair deste local que ninguém merece?

– A chave da libertação está em cada um de nós, Afrânio. Na medida em que nos voltarmos realmente para o Amor, estaremos abrindo a porta para uma situação melhor. Enquanto persistirmos mergulhados em tais sentimentos, como o ódio, a mágoa, a revolta, o desejo de vingança em nossos corações, permaneceremos prisioneiros desses sentimentos e desses locais que criamos para meditarmos e concluirmos, definitivamente, que o mal jamais traz a paz e a felicidade a ninguém.

– Quer dizer com isso que você não poderá me retirar deste local, em nome do tão decantado amor e desse Deus que insiste em afirmar que existe?

– Ninguém viola as Leis de Deus, Afrânio. Só você poderá demonstrar que está preparado para daqui ser retirado.

– Está vendo?! Acaba de dizer que Ele deseja manter-me neste local de sofrimentos atrozes!

– Pelo contrário. O Criador não vê a hora que você se decida a sair deste local, utilizando a chave do desejo sincero de modificar suas atitudes, seus sentimentos, meu irmão.

— Se não pode me atender, nossa conversa não tem mais razão nenhuma para continuar! — colocou rudemente Afrânio.

— Respeito a sua opinião, mas ressalto que sempre estarei à sua disposição quando desejar retornar ao assunto que mal iniciamos neste nosso primeiro contato.

— Pois fique sabendo que não tenho nenhuma pretensão nesse sentido. De minha parte, pode voltar para o local de onde veio, e não retornar nunca mais!

— Mesmo assim, deixo, ao seu coração, o convite para um novo encontro, a fim de falarmos sobre a felicidade para a qual todos fomos criados um dia por Deus, meu irmão.

— E antes que eu esqueça: não sou seu irmão! Não seja hipócrita!

— Que a paz de Jesus encontre lugar em seu coração, Afrânio.

O Espírito, que viera trazer algum esclarecimento e conforto a Afrânio, percebeu que não adiantava continuar insistindo por ora. A dor realizaria a sua tarefa com paciência, até que Afrânio, cansado do sofrimento, viesse a modificar sua maneira de pensar e de sentir e escolhesse um outro caminho, e não aquele que o levara à situação em que se encontrava transitoriamente.

Capítulo 3

O
Vaga-lume

A TÊNUE CLARIDADE QUE SE FIZERA COM A PRESENÇA de Valêncio, o trabalhador do bem que procurara o coração de Afrânio, desfez-se com o afastamento do socorrista. A escuridão acentuou a sua ausência, e o ar tornou-se mais escasso. Subitamente, uma rajada de ventos violentos perpassou o local, e o céu foi cortado por relâmpagos semelhantes aos que, na Terra, prenunciavam chuvarada. O coração de Afrânio se afligiu sem que ele atinasse com o motivo. Voltou a praguejar:

– Esses demônios vão me atormentar novamente?!

Uma risada grotesca feriu-lhe os ouvidos e o levou a procurar, na escuridão que havia se intensificado, a presença do responsável pelo que estava ocorrendo.

— Quem está aí? Não se cansaram de me açoitar, malditos?!

— Cale a boca, Afrânio. Você está em meus domínios, e aqui quem fala e manda sou eu! — ouviu como resposta, apesar de não conseguir vislumbrar o autor.

O ameaçado aguçou as vistas para identificar o ponto de onde vinha aquele som gutural, cavernoso.

— E onde está, maldito? Que domínios são esses a que se refere? Por acaso é o dono deste lugar infernal?

Afrânio recebeu um impacto semelhante a um choque de alta voltagem que tivesse atingido o seu corpo e foi ao solo.

— Cale-se! Já disse e repito: aqui quem manda sou eu! E para que não se esqueça disso, o nome pelo qual deverá se dirigir a mim será esse: *Chefe!* Nada mais. Não titubeie! Só se atreva a dirigir-me a palavra usando esse termo respeitoso porque, em realidade, eu sou o seu chefe e de toda esta região sob meu domínio!

— Ora! Não o estou vendo! E não converso com fantasma!

Levou outro impacto de uma onda energética

e prostrou-se novamente, quando tentava erguer-se. Risada horripilante se fez ouvir como da primeira vez.

– Então, deseja me ver? Não bastou sentir meu poder, imbecil?

Afrânio não conseguia responder devido ao trauma ocasionado pelo solavanco que todo o seu ser havia recebido. Estava atordoado e apenas levantou o braço direito enquanto tentava articular alguma palavra.

– Você, infeliz, só precisa saber de uma realidade: está em meus domínios, e aqui eu sou o chefe! E ai daquele que ousar me desafiar. Aliás, o *vaga-lume* esteve falando com você, com aquelas palavras doces, características dos covardes?

– "Vaga-lume"?! Está ficando louco?! – conseguiu retrucar o agredido.

Recebeu outra *chicotada* energética, que não teve tempo nem de deduzir de onde teria vindo.

– É um estúpido mesmo! Então não sabe o que é ou quem é o *vaga-lume*?

Com medo de receber outra agressão, Afrânio preferiu não responder com palavras. Apenas fez um gesto negativo com uma das mãos.

– Então é bom que aprenda de uma vez! – continuou a entidade trevosa. – *Vaga-lume* é o nome que dou a esses covardes que entram em meus domínios nos momentos de minha ausência para conquistar, com palavras doces, os meus comandados. Também conhecidos como *Espíritos de luz* – disse e fez tremenda careta de repulsa, que Afrânio não podia ainda enxergar.

– "Espíritos de luz"?! – ousou repetir o ameaçado, sem nada compreender.

– Eu diria que são os fracos com as suas lanterninhas mágicas, propondo retirar daqui aqueles que me pertencem! São bruxuleantes como os *vaga-lumes* na escuridão das noites. Acendem e apagam, acendem e apagam, e não vão além disso. Pelo menos em meus domínios, não conseguem nada! Como na Terra, voam daqui para ali. Acendem aquela luz ridícula e frágil e acabam indo quando entendem que eu dou as ordens!

– Não estou entendendo! – arriscou comentar Afrânio, confuso.

– Esse *vaga-lume* não esteve aqui tentando convidá-lo para mudar de vida, comandado Afrânio?

– Não entendi direito. Falou um monte de coisas que não compreendi! Por exemplo: disse que aqui não é o inferno! Como não?!

Outra gargalhada estentórica rasgou a escuridão daquele local mergulhado em trevas densas.

— E você, o que acha, comandado Afrânio? É ou não é o inferno?

— Com tudo o que tenho passado, só pode ser! Se não é aqui, onde seria?

— Isso não vem ao caso. Esse tal de inferno e o chamado céu são lugares diferentes. No primeiro, localizam-se os fortes e vencedores como eu. No segundo, os fracos, covardes e derrotados como o *vaga-lume* que o visitou. É isso que deve entender. E é chegada a hora de escolher: você é um fraco ou um forte como eu, seu chefe?

— Mas não estou aguentando os sofrimentos que tenho passado!

— Se quiser sair desta situação, faça a opção pelos mais fortes como eu! Não pense que o *vaga-lume* vai oferecer a você alguma situação melhor, como se fosse um passe de mágica. Esses tipos de Espíritos falam de uma tal de reforma íntima, de mudança de vida, de um tal de *amor*, de perdão, de outras besteiras mais que nada significam além de muito sofrimento, meu caro! Você deseja sofrer ainda mais do que já está sofrendo? É para isso que as propostas deles nos conduzem.

— Claro que não... Chefe...

— Muito bem! Já está aprendendo a entender quem manda aqui! Eu sou o chefe de tudo e de todos. A hora que o *vaga-lume* tiver que me enfrentar, ele também receberá o dele!

— E como poderei sair deste lugar, Chefe? Não suporto mais!

— Como já disse, você tem só duas opções! Ou segue o *vaga-lume*, com mais sofrimentos, ou obedece às minhas ordens, e eu o retiro daqui.

— E vou para onde?!

— Sob o meu comando e a minha proteção, qualquer lugar é bom. Eu protejo aqueles que me obedecem! O *vaga-lume* precisa se dirigir sempre a alguém mais importante do que ele. Não pode tomar decisões sozinho e, por isso mesmo, tudo para ele é mais demorado. Quer continuar sofrendo mais e por tempo maior?

— Não! Claro que não, Chefe!

— Então, a sua escolha é obedecer ao meu comando e cumprir as tarefas que eu destinar para que você cumpra, sem fazer pergunta alguma.

— E como seria isso, Chefe?

— Dou proteção a você, como já faço a centenas de outros, em troca da sua obediência cega. Nada de perguntas!

Afrânio continuava o diálogo sem divisar quem era o ser com o qual falava. Apenas se direcionava para onde vinha o som daquelas palavras.

– Mas, Chefe! Não consigo nem vê-lo!

– Vou satisfazer a sua curiosidade. Olhe bem em direção a minha voz!

Afrânio, como se tateasse na escuridão com as vistas, esforçava-se como a procurar por aquele ser agressivo e amedrontador.

– Olhe para cá, imbecil!

– Estou olhando, Chefe!

Da escuridão densa daquela região, um ponto ainda mais escuro começou a delinear-se. No local dos olhos, duas regiões de um vermelho intenso, como se fossem labaredas de um incêndio voraz, desenharam-se. Os outros traços ficaram imprecisos. Um manto escuro cobria o restante do corpo. Um hálito de vapor condensado, como nas noites de inverno, era expelido da região que corresponderia às fossas nasais. A voz se tornou mais cavernosa.

– É o que precisa ver por enquanto, comandado Afrânio. Posso garantir que não gostaria de ver o resto. Como sou seu *amigo*, vou poupá-lo. Quem sabe um dia, mais tarde, quando provar a sua fidelidade ao meu comando, receba como prêmio conhecer-me de maneira mais completa?!

– Pouco vejo, Chefe – gemeu o agredido.

– Já lhe disse! Vê apenas o que eu quero e o que necessita ver! Ou se cala e obedece ou ficará entregue aos seus *amiguinhos* da sombra, que o têm visitado com as ameaças que já conhece ou outras até piores, que desconhece. A escolha é sua. Minha paciência já acabou. Ou eu, o chefe supremo desta região, ou o *vaga-lume* covarde e fujão, que já partiu sem livrá-lo de nenhum sofrimento.

– Escolho o senhor, Chefe – balbuciou, assustado, Afrânio.

Outra gargalhada horrorosa preencheu o local como se fosse uma espécie de matéria real e com a capacidade de ocupar espaço.

Afrânio sentiu o impacto dessa energia destrutiva, que o alcançou como se fosse uma forte lufada de vento repentina. Em seguida, a ordem:

– Guardas! Levem nosso prisioneiro para o local de costume!

– Mas, Chefe?! Prisioneiro?! O senhor disse que eu iria servi-lo! Como poderei fazer isso se for preso?

Nova rajada de energia forte e repentina atingiu-o em plena face.

– Cale-se, imbecil! Você não pergunta nem comenta nada. Apenas aguarda minhas ordens sem fazer nenhuma pergunta. Vamos! Levem-no para as grades. Tenho algumas contas a acertar com este imbecil! Ele não está me reconhecendo, mas eu o conheço de há muito tempo! Mantê-lo-ei preso em meus domínios para o devido acerto de contas. Esperei-o anos sem tréguas para saciar a minha sede de vingança! Ficou muito tempo escondido no corpo, depois de tudo o que me fez! Mas voltou como todos voltam! E agora conhecerá a minha vingança! A maldita ainda não encontrei! Se já voltou para cá, não consegui descobrir! Mas é apenas uma questão de tempo! Ela também me pagará caro como ele! Levem-no para as grades!

Da escuridão do local, vultos sinistros se desenharam e, como se se destacassem do escuro, agarraram Afrânio pelos braços e partiram para região ignorada, tendo à frente o vulto que dominava o local e a todos, gargalhando ruidosamente. O sinistro pelotão voltado ao mal marchava para regiões ainda mais densas do que aquela, onde se localizava a fortaleza do comandante daqueles Espíritos temporariamente prisioneiros do ódio.

Afrânio pôde ouvir, com um arrepio terrível percorrendo todo o seu ser:

– Adeus, *vaga-lume*. Esse é mais um dos nossos! Esse é especialmente meu!

O que a Entidade voltada ao mal desconhecia era o fato de a bondade Divina jamais abandonar criatura alguma da Obra da criação!

Exatamente por isso, Valêncio, o Espírito amigo

que procurara socorrer Afrânio, estava presente, de forma invisível, às Entidades voltadas ao mal, assistindo aos mínimos detalhes do desenrolar dos acontecimentos e implorando a Jesus o socorro a todas as vítimas do mal existente em si mesmas.

– Senhor! Compadece-te de nossas fraquezas! Tu que, do alto da cruz do sacrifício extremo, solicitaste ao Pai o perdão para o erro enorme que cometíamos, continua benevolente para conosco, Senhor. Fornece-nos, por meio do teu incansável amor, os recursos necessários para que possamos retornar ao teu rebanho. Fortalece-nos, Mestre, para que, reconhecendo que somente o exercício do amor e da paz pode nos fazer felizes, tenhamos as forças necessárias para renunciar ao orgulho, ao egoísmo e à vaidade que ainda nos arrastam para os caminhos do sofrimento. Que o ódio e o sentimento de vingança possam ser atenuados no coração desse nosso irmão entregue aos desvarios que tais sentimentos ensejam a ele, Senhor.

E, enquanto as trevas invadiam o local por onde caminhava o magote de infelizes, um pequeno e persistente foco de luz brilhava incansável na figura do *vaga-lume* do Cristo, a esperar o momento mais adequado para o devido socorro. O bem é paciencioso e trabalha sem folga para o triunfo de cada criatura de Deus.

Capítulo 4

OS PLANOS

Sinistros

Embora o Espírito que se autodenominava de *Chefe* proclamasse ser o terrível e poderoso senhor do local onde Afrânio se encontrava, ele tinha uma espécie de reduto, altamente fortificado e vigiado pelos seus comandados, em um ponto mais distante de onde o prisioneiro havia sido retirado. Quando os seus soldados vislumbraram a aproximação da comitiva, ordens foram dadas para que os portões elevadiços fossem abaixados, já que a fortificação era rodeada por espesso terreno pantanoso, o que exigia uma espécie de ponte para a devida travessia que permitisse adentrar a fortaleza.

– O *Chefe* vem lá! Desçam a ponte!

E o grupo de pesadas vibrações prosseguiu a marcha para dentro do local que lhes servia de abrigo.

– Liguem as baterias! – foi a ordem do Espírito encarregado de comandar a defesa do lugar.

Estranhos aparelhos, semelhantes a bobinas gigantes, emitiam uma espécie de energia que formava uma muralha em torno da fortaleza.

Dentro do recinto, vários sons denunciavam criaturas em sofrimento e submetidas pela força do dominador.

– Atirem o prisioneiro em uma das jaulas! – foi a ordem do *Chefe*.

– Mas, senhor!...

Outra descarga de onda magnética atingiu Afrânio antes que ele completasse a pergunta.

– Já ordenei, imbecil! Só fale quando eu perguntar. Os prisioneiros mais novos somente terão permissão de circular pela minha fortaleza depois que provarem que são fiéis a mim! Enquanto não derem provas de sua lealdade, serão tratados como animais! Por isso, cale-se e se preocupe apenas em me servir com extrema lealdade. Caso contrário, você voltará para onde veio, e ordenarei a meus fiéis servidores que o torturem ainda mais!

Afrânio não teve forças para balbuciar nenhuma palavra sequer. "Será que vim parar em lugar pior ainda do que aquele onde estava? Mas o que está acontecendo comigo? Até quando ficarei mergulhado neste sofrimento? Para onde vim e para onde irei daqui? Deveria ter dado ouvidos ao outro Espírito, que me visitou antes? Já não entendo mais nada e não consigo sequer raciocinar" – eram os pensamentos que agitavam a mente fragilizada e totalmente desorientada do infeliz.

– Atenção, meus servidores e fiéis soldados! Logo mais exporei os planos de ataque ao local onde os covardes da luz se reúnem na crosta do planeta. Vamos acabar com esse bando de fracotes que parecem donzelas assustadas. Veremos quem pode mais: nós, que sabemos com convicção o que queremos e não tememos a nada nem a ninguém, ou eles, os seguidores de teorias fracassadas desse tão decantado e vencido amor! Faz mais de dois mil anos que só conhecem derrotas e, mesmo assim, insistem em prosseguir servindo ao fracasso. Preparem-se, pois! Se houver algum covarde entre nós, ou aprende a ser forte ou o jogaremos no pântano dos sofrimentos sem fim!

Dito isso, levantou a mão direita como símbolo de vitória. O local de seus olhos estava ainda mais avermelhado, e o vapor que exalava, de onde se localizavam as suas narinas, adquiria o aspecto de uma névoa mais densa como se o ódio atingisse o clímax naquele momento de fúria.

Os soldados foram dispensados. Afrânio continuava mantido em sua jaula como um animal perigoso. Estava em período de provação da sua fidelidade ao poderoso Chefe. Pelo menos era isso que ele pensava. Desconhecia o fato do denominado *Chefe* odiá-lo por motivos ocorridos quando ambos estavam encarnados.

Esse comandante das trevas conhecia muito bem o poder das forças voltadas ao bem. "Qualquer descuido e seus servidores seriam capturados e levados para o *outro lado* da batalha, sem tréguas, que desencadeava contra aqueles a quem considerava covardes e que lutavam pela vitória do bem. Já perdera soldados dessa maneira, o que constituía um péssimo exemplo para os demais e para a sua autoridade!" – raciocinava enquanto só, longe dos seus comandados. "Quanto a esse último prisioneiro, tinha planos especiais para ele! Jamais o libertaria enquanto não aplacasse seu ódio e o desejo de vingança por danos recebidos quando se encontraram em existência no corpo material" – continuava a ruminar consigo mesmo. "Nada revelaria aos outros comandados! Apenas imporia sofrimentos atrozes ao prisioneiro *especial*! Afinal, não tinha que prestar contas de seus atos a ninguém! Absolutamente a ninguém! Por isso, não revelaria suas intenções!" – falava como em um monólogo.

No horário combinado, todos se reuniram em

uma espécie de praça fracamente iluminada por archotes fixados em postes. O lugar era impenetrável a qualquer réstia de luz, fosse do sol ou, até mesmo, pelos raios prateados de luar nas noites estreladas. Ali era uma eterna noite. O alarido da conversa entre os denominados soldados do poderoso *Chefe* cessou assim que a sua figura chegou ao local, carregado em uma espécie de andor, por escravos que experimentavam o estalar de chicotes impiedosos, que a todo momento, e pela mínima desculpa, desciam sobre eles. O andor foi colocado com muito cuidado no terreno pantanoso. O *Chefe* subiu em uma espécie de palanque, alto o suficiente para contemplar os seus comandados. E a primeira inflexão de voz foi imperativa e rude como um trovão que ribombasse muito perto:

– Silêncio! Ai daquele que eu ouvir falar uma única palavra enquanto eu me dirigir a vocês, soldados vitoriosos!

Um silêncio mortal se abateu sobre todos. Até a respiração ofegante do implacável *Chefe* se fazia ouvir.

– Esta noite, vamos para a crosta. Mais exatamente para um lugar chamado, pelos covardes servidores das fracassadas ideias de há mais de dois mil anos, de *Recanto de Luz*.

Dito isso, soltou uma gargalhada histérica e amedrontadora.

– Vejam bem como são cínicos esses covardes! *Recanto de Luz*!

E, perpassando os olhos em cada um dos Espíritos ali reunidos, continuou:

– Bem melhor ficaria se fosse chamado de Recanto dos covardes ou dos fracassados!

Tinha os punhos cerrados a demonstrar a violenta carga de ódio que nutria pelos servidores do bem.

– Chefe...? – ousou perguntar um dos seus soldados e comandados.

– O que é? Se fizer alguma pergunta cretina, sentirá o peso do meu chicote!

Disse e agitou no ar um instrumento semelhante a um chicote dos homens da Terra, mas repleto de objetos cortantes e perfurantes atados à correia principal, com a finalidade de impor mais sofrimento àquele que fosse atingido. No cabo de tal objeto, instalava-se uma bateria que transmitia alta carga de energia, semelhante a um violento choque no atingido. Era de se temer receber um golpe daquele.

– O senhor poderia explicar o que é esse tal *Recanto de Luz*?

– Perguntou bem. Vou explicar para que estejam alertas ao máximo contra esses covardes!

Fez uma pausa para aumentar a curiosidade geral e prosseguiu:

— *Recanto de Luz* é um local onde covardes de nosso plano e da Terra se reúnem como donzelas assustadas para falar de uma *coisa* que sofre uma derrota após a outra. O líder deles foi derrotado por falar e apregoar o mesmo assunto em sua época e, através dos tempos, seus seguidores insistem na mesma ladainha. Por isso, eu disse que melhor seria se chamasse *Recanto dos fracassados*!

Novamente sua gargalhada, que revelava fúria, ecoou no ambiente, ferindo os ouvidos até mesmo dos seus comandados.

— E como é esse lugar, Chefe? — foi a pergunta que se fez ouvir em seguida.

— É uma casa vagabunda, de má qualidade, sem nenhum luxo nem conforto, onde os fracassados se reúnem em nome desse tal de *amor*, tão fraco e covarde como eles. Se esse tal de *amor* tivesse alguma força, já teria vencido, devido ao tempo em que vem sendo apregoado na história da Humanidade. Mas não! Somente a nossa justiça é que sempre triunfa. Somente o nosso ódio sai vencedor de todas as batalhas! Somos a força! Não conhecemos o medo, a covardia, a submissão a nenhum outro poder! É nessa casa sem nenhum valor que eles se reúnem.

— E como conheceremos onde é o local exato, Chefe?

— O nome — *Recanto de Luz* — já nos indica o lugar. Vocês verão que a casa miserável é rodeada por uma luz infeliz quando os covardes ali se reúnem, em nome do *perdedor* maior deles, para pedir pelo bem e pelo amor!

Outra gargalhada motivada pelo ódio do poderoso comandante das trevas eclodiu no local logo após a menção que fez ao Ser que classificava como *perdedor*.

— Esse tal de *bem* e de *amor* são os frágeis escudos dos covardes da Luz! Vamos destruí-los um a um. Sentirão, como outros já sentiram, o que é a verdadeira força e a verdadeira vitória!

Tornou a erguer um dos braços, concitando os comandados a participarem do seu sentimento de vitória antecipada.

— Chefe? E em nome de quem eles se reúnem com tanta insistência através dos tempos? — teve a infelicidade de perguntar um dos novatos pertencentes ao bando das trevas.

— O quê?! Maldito! Não ouse sequer pensar nesse nome em meus domínios! O nome do *derrotado* não nos importa, mas, sim, que perdeu a batalha e a guerra para a força do ódio, que caracteriza os fortes como somos nós! Para o calabouço do pântano com esse infeliz! Tinha a certeza de que alguém perguntaria uma besteira e aí está. Antes, porém, prove do meu chicote, maldito!

O instrumento zuniu ferindo o ar e, mais ainda, o infeliz sobre o qual se abateu, que soltava urros de dor lancinante enquanto era levado pelos soldados à prisão do pântano, local fétido, de trevas ainda mais densas e por onde desfilavam criaturas monstruosas e ameaçadoras que atacavam aqueles que para lá eram direcionados, ferindo-os, porém, sem conseguir aniquilá-los. A prisão do pântano era o lugar mais temido e onde a punição atingia o clímax na região sob o comando do implacável Chefe.

– Que ninguém jamais ouse lembrar a figura daquele que comanda esses covardes e fracassados servidores da Luz! Eu sou o senhor de tudo e de todos! Eu dou as ordens e decido quem vence e quem perde! A minha figura deve ser conhecida e temida por todos vocês! Não mencionem o nome daquele que comanda os derrotados. Para nós, Ele não existe, já que Seus seguidores colecionam derrotas após derrotas! Afinal, querem vencer ou perder?

Um silêncio mortal se abateu sobre o lugar e os presentes. A pergunta do Espírito que se atrevera a questionar quem seria o tal derrotado a quem o Chefe se referia desequilibrou totalmente a figura do comandante daquela região de sofrimentos. Atiçou-lhe violentamente o ódio, como se um vento forte soprasse sobre brasas ainda incandescentes.

Descontrolado em sua fúria, retornou a pergunta:

– Querem vencer ou perder?

– Vencer, Chefe! – foi a resposta em uníssono.

– Pois então, vamos! À vitória dos fortes! À derrota dos covardes defensores da Luz! Vamos!

– Chefe, devo levar todas as nossas armas? – indagou um dos subordinados.

– Sim! E as mais poderosas para que possam aprender algo sobre os *vaga-lumes*.

– E o novo prisioneiro irá com a gente, Chefe? – voltou a perguntar o mesmo "soldado".

– Como não? Ele precisa dar início ao seu aprendizado e a demonstrar a sua lealdade a mim!

E, assim que o comandado se afastou para cumprir as suas ordens junto ao prisioneiro, resmungou para si mesmo: "Além do que, terei uma ótima oportunidade para infligir-lhe mais sofrimentos!

E aquele pequeno exército de infelizes criaturas, criadas para o bem e temporariamente desviadas do caminho, encetou marcha lenta e pesada em direção à crosta terrestre, cujo alvo era a instituição espírita *Recanto de Luz*.

Capítulo 5

NO

Recanto de Luz

SE O MAL ARQUITETAVA SEUS PLANOS, O BEM NÃO permanecia inativo. No Centro Espírita *Recanto de Luz*, Valêncio manifestava-se, através de um dos médiuns de psicofonia, no grupo mediúnico da instituição em que serviam a Jesus realizando trabalhos em diversos setores. O trabalho mediúnico se iniciava após os outros trabalhos da Casa terem se encerrado, quando as pessoas já haviam retornado aos seus lares.

– Amados irmãos e companheiros de jornada da estrada evolutiva! Confiemos, continuando na certeza de que Jesus é nosso arrimo mesmo quando tudo nos pareça o contrário. O mar da existência enfrenta procelas perigosas e que nos convidam ao desânimo. Entretanto, Ele continua a nos oferecer sua mão amiga para o nosso apoio e a nos convidar para prosseguirmos na marcha.

Aguardou um pouco e prosseguiu:

— Irmãos nossos temporariamente voltados para as ilusões das vitórias falsas e passageiras da vida arquitetam um ataque contra a nossa Casa, o nosso *Recanto de Luz*. Que fique bem claro quando emprego o termo "nosso" que, absolutamente, não vai nessa afirmação nenhum sentimento de posse, pelo qual todos passamos. Digo "nosso" para identificar o local abençoado onde nos reunimos e nos reencontramos para servir a Jesus. Exatamente por isso, não temamos nem nos deixemos esmorecer. Sempre foi assim: a luz, por mais insignificante seja ela, incomoda aqueles que batalham pelas trevas da ignorância. Não desejam que conheçamos a verdade a que se referiu Jesus. Querem manter-nos nas trevas do desconhecimento para que soframos como eles. É nosso dever cristão, porém, esclarecer-nos e esclarecê-los da mesma forma.

Fez mais uma pausa para continuar:

— Um grupo chefiado por um irmão desviado do caminho do amor, e que cultiva temporariamente o ódio com as suas enganosas vitórias, marcha com o seu pequeno exército em direção a esta Casa dedicada a Jesus. E, se a casa e a causa são Dele, nada devemos temer, por mais preocupantes se demonstrem os acontecimentos. Nada pode a treva contra a luz do

Cristo desde que nos conservemos confiantes Nele. Elevemos nossos pensamentos aos planos maiores da espiritualidade, rogando a proteção que necessitamos. Peçamos, porém, não somente por nós, mas principalmente por todos os desviados do caminho que nos leva ao Criador.

Em torno da construção física onde se instalava o *Recanto de Luz*, já protegido por ondas eletromagnéticas que conferiam uma cor azulada em torno do recinto, com a prece do grupo que se entregava ao socorro do Mais Alto, a intensidade luminosa se intensificou à espera dos Espíritos voltados para o desequilíbrio e com os corações inundados pelo sentimento do ódio.

– Alto! – disse o *Chefe*, levantando uma das mãos. – Estamos próximos da casa dos *vaga-lumes*.

Do local onde estava o comandante da turba, era possível a esse Espírito visualizar o halo de luz azulada circundando a construção do Centro, visão essa permitida a ele exatamente como uma advertência prévia às suas más intenções.

Procurou alertar os seus comandados:

– Vejam! Os covardes estão com as suas defesas em alerta! Reparem na luz que contorna toda a habitação onde eles se escondem com medo de nós!

Essas palavras procuravam infundir mais coragem àqueles Espíritos sob o seu comando e que, por mais que tentassem enxergar, nada viam.

– Vamos atacá-los com nossas armas poderosas, *Chefe*! Destruiremos a barreira de luz que o senhor descreve e acabaremos com todos eles! – gritou um dos "soldados", entusiasmado pelas palavras anteriores do seu comandante.

– Sim! Vamos atacá-los para que vocês aprendam mais uma lição sobre esses covardes. Preparem o nosso mais poderoso canhão!

Intensa agitação percorreu a tropa, que se assemelhava ao comportamento de um exército terrestre em preparação para um ataque. Apontaram a estranha arma contra o *Recanto de Luz*.

– Atenção! À minha ordem, disparem e observem bem o que vai acontecer! – ordenou o *Chefe*.

Os comandados estavam em alta agitação. Apontaram a arma e aguardaram a ordem.

– Fogo! – foi a palavra emitida com segurança pelo comandante daquela tropa.

Uma descarga eletromagnética com som semelhante a um poderoso canhão terrestre se fez ouvir. Da espécie de cano daquele objeto rústico e barulhento, uma luz de forte intensidade, semelhante a uma labareda, iluminou aquele recanto do plano espiritual. Uma espécie de projétil partiu veloz contra a proteção do Centro, onde Valêncio continuava confiante junto aos encarnados.

A carga energética atingiu a barreira de luz

azulada e foi absorvida como se sofresse uma implosão dentro da mesma. Ao invés de destruir a barreira protetora, o produto disparado do canhão dos Espíritos voltados ao mal como que se aninhou dentro da luz protetora.

Isso causou um grande espanto aos "soldados" do *Chefe*, o que os levou a pronunciar, em uníssono:

– Oh! O que foi que aconteceu, *Chefe*? – indagou um deles.

– O que eu já esperava. Permiti o disparo para que vocês aprendam mais uma coisa sobre os *vaga-lumes*: são covardes, mas se defendem muito bem. Entretanto, não se preocupem: eles não agridem! Preferem apanhar do que bater. São, como venho alertando, uns covardes acostumados a perder ao longo dos séculos. Não reagem, mas se defendem muito bem. Isso torna as coisas mais difíceis para nós, que estamos acostumados a combater com nossas armas os nossos inimigos e esmagá-los com as nossas mãos. Os covardes da Luz são diferentes. Preferem vencer, com palavras doces e enganosas, aqueles que se comportam como crianças assustadas, o que não é o nosso caso. Não é assim, "soldados"?

– Sim, *Chefe*! Somos pela luta e pela vitória! E vamos ganhar seja qual for a arma que escolham – respondeu um deles, que representava o pensamento de todos os outros, que permaneciam calados e confusos com o resultado do disparo do poderoso canhão que em nada afetara a defesa do *Recanto de Luz*.

— *Chefe*! Tenho uma ideia! – manifestou-se outro "soldado" do exército das trevas.

— Fale! Qual outra ideia "brilhante" poderia estar ocorrendo nessa sua cabeça burra para atravessarmos a barreira daquela casa? – comentou agressivo o comandante.

— Consigo passar pela barreira! Ofereço-me para o serviço. Entro e ataco os covardes com as nossas armas, que serão disparadas diretamente contra eles e não contra a barreira de proteção! – respondeu entusiasmado.

— Mas que "soldado" corajoso temos aqui! – disse, em tom carregado de ironia e escárnio, o chefe daqueles Espíritos enganados pelas falsas vitórias na prática do mal. Pois, então, vá! Demonstre a sua coragem para os seus companheiros. Ficaremos observando a sua vitória contra os covardes da Luz! – disse gargalhando o Chefe, já antevendo o fracasso do comandado.

Enquanto isso se passava nas cercanias espirituais do *Recanto de Luz*, Valêncio ocupava novamente o instrumento mediúnico para os alertas necessários.

— Irmãos! Mantenhamos nossas vibrações pedindo pelo socorro de Jesus nesta hora em que as trevas atentam contra esta Casa a serviço do Cristo. Reobaldo, o Espírito que chefia esses infelizes, está testando as defesas de nosso local de oração e trabalho. Já dispararam, inutilmente, suas armas contra as barreiras magnéticas que nos sustentam incólumes. Agora vão tentar ultrapassá-la, em vão, com o objetivo de um embate mais direto. O ódio não entende que o amor não é vivenciado para vencer a outrem, mas as imperfeições da própria pessoa. Reobaldo mantém um irmão nosso como prisioneiro e o submete a várias agressões nas regiões espirituais inferiores. Afrânio é o seu nome. Envolveram-se há muito tempo em desavenças perpetuadas pelo ódio. O atual comandante das trevas busca justiça com as próprias mãos. Capturou nosso irmão Afrânio em regiões trevosas, com falsas promessas de retirá-lo daquele local de sofrimento, porém tinha o firme propósito de escravizá-lo em seus domínios. Afrânio não o reconheceu devido às deformações que vem sofrendo em seu perispírito, pelo exercício do ódio e pelo sentimento de vingança contra ele. A Providência Divina já proporcionou aproximações anteriores entre ambos, mas não souberam aproveitar a oportunidade. O ódio persiste, envolvendo-os. Reobaldo esperava ansioso o regresso de Afrânio de sua última reencarnação para apoderar-se dele, como realmente acabou por acontecer. Mantém-no prisioneiro com lamentáveis propósitos, mas a proposta do Amor que impregna todo o Universo do Criador é bem outra. Continuemos trabalhando e servindo para que ela se apresente vitoriosa, reconciliando esses dois Espíritos.

Esperou mais um pouco e deu prosseguimento às suas orientações:

– Vamos aproveitar que a atenção deles está voltada para romper a nossa barreira de proteção e trazer Afrânio até nós. Isso atrairá o comandante deles ao nosso médium, que deve estar preparado para a incorporação desse nosso irmão possuído de densas energias negativas, o que custará ao companheiro encarnado a quota de sacrifício de todo trabalhador seguro da sua doação no campo do bem. Mantenhamo-nos na certeza das bênçãos de Jesus a todos nós, inclusive aos irmãos transitoriamente desviados da senda correta.

O "soldado" que se apresentara como voluntário para romper a barreira de proteção em torno do *Recanto de Luz* partiu em disparada naquela direção, como se fosse derrubar um adversário com todo o ímpeto da sua força.

O *Chefe* contemplava a cena gargalhando, antevendo o insucesso da tentativa.

Ao tocar, cheio de ódio, o círculo de energia que envolvia o local, repentinamente adormeceu e caiu próximo ao local do ataque frustrado.

A tropa ficou assustada com o resultado e recuou em direção ao seu comandante como que buscando proteção e explicações para o ocorrido. E ele, aproveitando-se da atitude dos comandados, não perdeu a oportunidade para alertá-los:

– Estão aprendendo muito como agem esses *vaga-lumes*! Ao mesmo tempo em que parecem frágeis, são extremamente perigosos! Possuem veneno em sua fala, que atinge aquele que não é suficientemente forte como eu para enfrentá-los!

Mal acabara de fazer essas colocações, um dos "soldados" alertou:

– *Chefe*! Afrânio, o prisioneiro, fugiu!

– Como fugiu?! Não estava bem no meio de vocês?

– Mas não está mais! Desapareceu, senhor!

– Ah! Só podem ser esses malditos covardes que o arrastaram para dentro do seu covil! – disse furioso.

Valêncio, aproveitando o calor da batalha que os "soldados" travavam contra a barreira magnética que protegia o *Recanto de Luz*, juntamente com as surpresas dos "soldados" pelos fracassos que se sucediam no ataque ao local, fez-se invisível à turba inquieta e irritada imprimindo uma elevação vibratória ao seu perispírito. Em seguida, aproximou-se de Afrânio sem ser percebido e aplicou-lhe energias apropriadas, conseguindo fazer com que ele adormecesse profundamente, conduzindo-o ao interior da Casa espírita.

O *Chefe*, portanto, não estava errado em seu raciocínio e resolveu tomar uma decisão para a satisfação do seu orgulho e como exemplo aos seus subordinados, que mais uma vez ficavam espantados com as artimanhas dos *vaga-lumes*.

Enquanto Afrânio repousava na dimensão espiritual do *Recanto de Luz*, Valêncio, continuando a valer-se do médium, alertava novamente aos encarnados da próxima presença no recinto:

– Companheiros de trabalho na seara abençoada de Jesus, Reobaldo tomou ciência da ausência de nosso irmão Afrânio e vai adentrar, com toda a violência do ódio nele cultivado, em nossa Casa de oração. Mantenhamo-nos firmes em nossa confiança em Jesus, entregando-nos, e aos irmãos infelizes, aos cuidados de nosso Mestre e Senhor.

Mal acabara de transmitir o alerta e outro médium foi utilizado para a manifestação impregnada de ódio e orgulho ferido do Espírito que comandava o seu pequeno exército.

– Malditos! Pensam que me enganam?! – vociferou.

Valêncio passou a auxiliar Mário, o encarnado encarregado de dialogar com o Espírito agressivo e impregnado de ódio contra todos os presentes, encarnados e desencarnados.

– Prezado amigo, que a paz de Jesus esteja sempre presente em nosso coração, conferindo-nos a tranquilidade necessária para nos tratarmos como irmãos que somos perante nosso Criador – iniciou a conversa o encarnado, sob a supervisão de Valêncio.

– Ora! Cale-se! Sou eu quem vai falar!

– Em nossa Casa de oração, só se manifesta quem respeita o direito dos outros, meu irmão. Se deseja falar, estamos aqui para ouvi-lo. Entretanto, estabeleceremos um diálogo onde ambos falaremos, exercitando o respeito recíproco.

– Ah! Muito bem! Falou em direito? Ótimo! Vocês invadiram o meu grupo de soldados e raptaram um dos meus prisioneiros! Exijo que o devolvam!

– É estranha a sua fala, meu irmão. Você fala em direito e, ao mesmo tempo, em escravo?! Onde existe o respeito pelo direito alheio, não existe escravidão.

– Pare com essa hipocrisia de me chamar de "irmão"! Não sou nada seu! E não me venha com essa conversinha doce que vocês costumam usar para enganar os fracos como vocês mesmos.

– Fraco é quem odeia, meu irmão. Somente os fortes são capazes de amar e perdoar incondicionalmente como Jesus nos ensinou. O ódio enfraquece. Apenas o amor fortalece.

O Espírito soltou uma estrondosa gargalhada através do médium e, de maneira violenta, falou:

– Foi por amar que o chefe de vocês morreu em uma cruz?!

– Não, meu irmão. Ele foi levado inocentemente para a cruz, pelo ódio dos homens. Entretanto, seu amor foi e é tão imenso que está conosco, auxiliando-nos até hoje e para sempre. Pode aquilatar a força desse amor por essa atitude extrema de renúncia, com a qual Ele doou-nos a própria vida, dividindo a história da humanidade em antes e depois Dele!

– Pois a minha opção é pela vitória. E, se para isso é necessário odiar, odiarei a quem for preciso. E chega de conversa! Exijo que entreguem meu prisioneiro!

– Não aprisionamos a ninguém, porque trabalhamos em nome do amor que liberta e jamais aprisiona. Não existe aqui nenhum prisioneiro. Deus nos deu o livre-arbítrio para que possamos escolher entre o certo e o errado, entre fazer o mal ou investirmos no bem. Jamais escolheríamos aprisionar a quem quer que fosse exatamente por escolhermos o amor.

– A conversa já foi longe demais! Onde está Afrânio, meu prisioneiro?

— Teme alguma coisa, meu irmão? – perguntou Mário, que com ele dialogava.

— Eu... temer?! – perguntou e gargalhou novamente através do médium. – Você não me conhece!

— Mas o que já conheço me faz pedir a Jesus por você também.

— Fique com esse tal de Jesus para você! Eu não preciso de ninguém!

— Se não precisa, por que comanda esses Espíritos desorientados para o exercício do mal, meu irmão?

— Como você é irritante! Já lhe disse que não sou seu irmão, e você insiste nesse assunto! Onde está meu prisioneiro?

— Reobaldo, convido-o, em nome de Jesus, a deixar a prática do mal, que o mantém prisioneiro da dor por todo esse longo tempo cuja noção você já perdeu.

— Vejam! Conhece meu nome! São uns feiticeiros! Quem é o covarde que me delatou? Só pode ser o chefe dos *vaga-lumes*! Mas não perdem por esperar! Não sou obrigado a ficar ouvindo lorotas neste lugar! Conheço muito bem a todos daqui e vou cuidar de um por um!

— Nos entregamos nas mãos de Deus, meu irmão. Ele cuida de todos nós, inclusive de você. Por isso, o convite para que mude de direção. Retorne para o amor, porque para amar fomos criados um dia por Ele.

– Mas quanta insolência! Se não vai libertar meu prisioneiro, eu me vou, mas terão notícias minhas muito em breve. Não perdem por esperar! Pagarão caro pelo atrevimento de me desafiar!

– Não fizemos nenhum desafio. Apenas o convite para que venha em direção ao amor, que nos ensinou Aquele a quem devemos seguir incondicionalmente.

– Vou embora deste lugar insuportável! Fique você com esse tal de "amor". A derrota o aguarda enquanto trabalha para ele. Passem vocês todos muito mal!

O médium sofria as repercussões da incorporação de um Espírito com tamanha carga de ódio, e Mário optou pela prudência, por sugestão de Valêncio.

– Vá em paz, meu irmão, e não se esqueça do convite para o amor que lhe fizemos nesta noite. Jesus o ampare.

Mário, que dialogava com o Espírito, orientou para o encerramento da comunicação mediúnica da entidade que empunha sensações desagradáveis ao servidor encarnado, e, dessa maneira, o perturbador não conseguiu responder às palavras finais a ele direcionadas.

Capítulo 6

A TAREFA

Prossegue

Assim que o Espírito rebelde se ausentou do local, Valêncio retornou a sua tarefa através de outro médium de incorporação, dando prosseguimento, por meio da psicofonia, ao trabalho da noite.

– Prezados irmãos. Agradeçamos a Jesus o amparo que nunca nos falta. O irmão Reobaldo está cego pela alta carga de ódio que permitiu instalar-se em seus sentimentos contra Afrânio, que, por sua vez, também tem débito junto ao agressor. Infelizmente, voltará à carga contra o *Recanto de Luz* e os seus trabalhadores. Por isso mesmo, o grande alerta de Jesus no "orai e vigiai"! O que nos defende das trevas é o cultivo da luz em nós, por meio de uma severa vigilância em nossos pensamentos e escolhas do dia a dia. O que nos afasta do mal é a prática do bem incansável. Os veneráveis Benfeitores, que ocupam planos elevados, também deram e ainda dão testemunhos da sua fidelidade a Jesus, por meio das dificuldades que enfrentaram no devido tempo e oportunidade. Não seríamos nós, pequenos como somos, os isentos dessas lutas, desse dever de vigiar-nos para que as Leis nos amparem. Ninguém colhe sem plantar, da mesma forma que, após o plantio, a colheita é obrigatória. Vigiemo-nos, porque o mal sempre nos vigia! Se não compreendem esta frase no momento, irão entendê-la em ocasião oportuna.

Esperou mais alguns segundos para prosseguir.

– O trabalho no plano espiritual, junto aos encarnados, prossegue mais um pouco na noite de hoje porque precisamos fazer alguns esclarecimentos ao nosso companheiro Afrânio, aqui presente. Não é nosso prisioneiro, evidentemente, mas nosso socorrido em nome de Jesus. Não poderemos protegê-lo se não houver colaboração de sua parte. Por isso, vamos dialogar com ele e esclarecê-lo sobre o seu direito de decidir. Para que dialoguemos com mais compreensão para ele, vamos aproximá-lo de um dos companheiros que trabalham na mediunidade nesta Casa. Na situação dele, por se encontrar ainda muito preso às sensações do mundo físico, melhor que conversemos com ele por meio do corpo material do amigo que serve ao bem pela sua mediunidade de psicofonia.

Dito isso, Afrânio foi conduzido para ocupar a via mediúnica que se lhe oferecia na oportunidade. A compreensão dos esclarecimentos necessários a ele seria mais fácil estando envolvido nos laços carnais do médium, devido ao estado vibratório em que se encontrava, colocando-o mais próximo da matéria densa.

Valêncio desligou-se do médium e passou a intuir Mário, que tinha a responsabilidade de dialogar e orientar o Espírito.

– Irmão Afrânio, você tem experimentado as agruras das regiões de sofrimento em que estagia temporariamente – iniciou a conversa o dialogador.

– Estou num verdadeiro inferno! – respondeu Afrânio às palavras de Mário, encarregado de esclarecê-lo.

– Não está em inferno algum, como já explicado a você anteriormente por Valêncio. Jamais Deus, que é a personificação do Amor, criaria um local de sofrimento eterno para Seus filhos. Você apenas se encontra, pelo tempo que desejar, em regiões que o estão convidando a refletir sobre os valores morais da vida, meu irmão. A repensar as atitudes que tomamos mergulhados na vida como sempre estamos.

— Como pelo tempo em que eu desejar?! Gostaria, e muito, de estar bem longe desse lugar! – respondeu Afrânio, através da psicofonia.

— Meu amigo! Diante das Leis soberanas da Vida, nada nos é dado gratuitamente. Tudo implica em conquistas, irmão Afrânio. E, no seu caso, essa conquista virá por meio de um arrependimento sincero das faltas cometidas e que o levaram a essa situação. A Misericórdia Divina está sempre de plantão para socorrer. Entretanto, é necessário que lhe estendamos nossas mãos, arrependendo-nos e possuindo uma real intenção de mudança de rumo. O socorro está sempre alerta para quando nos dispusermos a utilizá-lo, pelo desejo sincero e profundo de entregar-nos, sem restrições, às leis de amor que imperam no Universo. É exatamente isso que o aguarda, Afrânio. Volte-se para Deus, meu irmão, e tudo será modificado em sua vida.

— Não estou entendendo – respondeu aturdido o sofredor.

— É necessário o desejo de firmemente recomeçar, Afrânio. A Bondade Divina, ao invés de criar o lugar de sofrimento eterno que infelizmente as religiões divulgam por séculos, oferece-nos a oportunidade de voltarmos ao local do desequilíbrio para recomeçarmos outra vez. Isso não é muito mais magnânimo do que atirar um Espírito a pretensas labaredas de um inferno sem fim? Quem escolheria essa última opção em troca da outra, que é poder retornar para refazer?

– Voltar?! Refazer o quê?! Que fiz eu de errado para ter que refazer?! – indagou o Espírito, que não conseguia abranger a profundidade das colocações, o que não passou despercebido ao Mentor.

– Precisa descansar por hora, irmão Afrânio. Entretanto, para que possamos oferecer-lhe um local mais adequado para esse seu refazimento, é preciso que exista a sincera disposição para um novo tipo de vida, meu irmão. Todos nós, enquanto não atingirmos a perfeição, cometemos erros que precisam ser reparados. Não é só você. Todos erramos em nosso longo caminho evolutivo. Em sendo assim, pergunto a você qual a situação que prefere: a de poder reparar o que fez de errado ou a condenação, como apregoa a maioria das religiões, a um sofrimento sem fim?

Houve uma pausa como se o Espírito estivesse pensando sobre a proposta feita. O médium que servia à manifestação de Afrânio passou uma das mãos pela testa, refletindo a atitude do Espírito incorporado. Percorreu, o mesmo médium, o olhar pelo ambiente como se procurasse identificar alguém ou o local onde se encontrava, manifestando as atitudes esboçadas pelo desencarnado. Voltou a colocar as duas mãos sobre a mesa. Exalou um profundo suspiro e respondeu:

— É claro que prefiro voltar para refazer o que existe de errado do que continuar nesse inferno sem fim, atormentado por aquela figura violenta e cruel, que sou obrigado a chamar e reverenciar como "Chefe", embora não esteja conseguindo entender como isso poderá ser feito e muito menos o que eu possa ter feito de errado para cair nas garras dele!

— Quanto a isso, não se preocupe. Será esclarecido, com calma, sobre como proceder e quais as razões que o levarão de volta aos locais necessários para que refaça o que assim necessita ser refeito. Retornará outras vezes a esta Casa, onde, progressivamente, irá se inteirar da grandiosidade das Leis que nos governam a vida. Só precisamos dessa sua vontade firme de mudar suas escolhas, seus valores, seus caminhos. Quanto aos outros passos, a Misericórdia de Deus irá cuidar, para que tudo se encaminhe para melhor.

Esperou Valêncio mais alguns segundos enquanto se desfazia a ligação de Afrânio com o médium e, utilizando-se da intuição, manifestou-se através das palavras de Mário:

— Supliquemos a Jesus o devido socorro a esse nosso irmão que dá início a difícil jornada do recomeço, para que não lhe faltem as devidas forças em seu intento. Da mesma forma, agradecemos a Ele pelos embates positivos da noite. Pedimos também por Reobaldo e pelos Espíritos que o acompanham para que possam ser alcançados pela luz dos esclarecimentos de Jesus e retornem ao rebanho do Bom Pastor. Quanto à parte que nos cabe, meus irmãos, vigilância, muita vigilância para os momentos que estão por vir. Fiquemos em paz e amparados pela confiança total em nosso Mestre e Senhor.

Enquanto o agradecimento e a súplica eram feitos aos planos maiores da Vida, Reobaldo, que havia retornado à sua fortaleza, convocava todos os comandados para o pátio central daquele local instalado em zonas densas da espiritualidade inferior. O ódio estava em ebulição naquele Espírito agressivo e dominado por sentimentos de vingança contra os servidores da Instituição onde Afrânio fora socorrido.

"Que me esperem, malditos *vaga-lumes*! Vou atacá-los de manso. Vou misturar-me no dia a dia de todos aqueles *anjos*. Vou descobrir o ponto fraco de cada um. Depois, vou minar-lhes a falsa aparência e mostrar a cara verdadeira de cada um deles. Pensam que me enganam?! Pois que me aguardem, seus covardes servidores do tal pretenso amor!" Esses pensamentos remoíam por dentro os sentimentos em desalinho daquele ser mergulhado em grande atraso moral e vencido pelo ódio e pelo sentimento de vingança.

Quando percebeu que todos os seus "soldados" estavam diante da sua figura assustadora, que se instalara em uma espécie de palanque bastante elevado para ser bem visto por todos eles, iniciou sua fala:

– Meus valentes soldados! Fomos desafiados pelos covardes *vaga-lumes*! Como nada tememos, vamos mostrar a eles nossa força, nosso poder. Sentirão do que somos capazes! Nosso exército não conhece a derrota! Nosso lema é a vitória sempre! Nossos adversários serão esmagados por armas fornecidas por eles mesmos! Entenderam?

– Sim, *Chefe*! – foi a resposta do grupo ali reunido.

– Sei que não entenderam nada! São burros demais para entenderem aonde quero chegar. Mas vou explicar de maneira bastante clara. Prestem atenção!

Um pesado silêncio se abateu sobre o local, onde a respiração ofegante do grupo, sob a ameaça do líder, podia ser ouvida. Ele continuou:

– Deste momento em diante, cada soldado por mim escolhido vai grudar em cada um dos anjinhos dos *vaga-lumes*. Grudar eu disse! Ou será que é melhor dizer colar em cada um deles? Vamos ficar bem juntos desses covardes para descobrirmos todos os seus pontos fracos! Sei que eles os têm aos montes! É só termos paciência e inteligência que descobriremos! Nossas armas serão, então, não mais os nossos canhões, mas os defeitos que eles possuem, e que utilizaremos contra eles mesmos. Não terão a barreira de proteção daquela casa porque o problema está instalado dentro deles, nos seus desequilíbrios de anjos disfarçados! E para descobrirmos isso, nos mínimos detalhes, é preciso o que mesmo, soldados?

– Grudar neles, *Chefe*! – foi a resposta que subiu em coro, em resposta à indagação do líder.

– Isso mesmo! Grudar! Colar nesses malditos para descobrirmos o caminho para a nossa vitória! Vamos vigiá-los nas suas casas, junto aos familiares, no local de trabalho, nas ruas, em qualquer lugar onde mostrem suas garras. Vamos anotar tudo, absolutamente tudo que possamos utilizar como arma contra eles. Vocês anotam suas falhas e as transmitam a mim. Eu arquiteto os planos para derrubar cada um deles.

– *Chefe*? – teve a ousadia de perguntar um dos Espíritos dominados. – E o prisioneiro? Não vamos resgatá-lo do poder dos *vaga-lumes*?

– Tudo no seu devido tempo. Como viram, são inteligentes. Contra eles precisamos ser mais inteligentes ainda! Afrânio voltará às minhas mãos! E o punirei mais severamente ainda por ter sido resgatado pelos covardes da Luz!

– *Chefe*? – levantou a voz outro "soldado". Eles têm o hábito de dizer aquelas *palavras* quando levantam e quando vão dormir. Como vamos conseguir nos aproximar deles. Não são protegidos pelas *palavras* que dizem?

– Você está querendo dizer que eles fazem a tal de reza, de *oração*?

– Isso mesmo, *Chefe*.

– Ora! Estão no mundo! Aos que vivem no corpo, muitos convites são feitos pelos prazeres da Terra. A tal da *oração* não é uma fórmula mágica! Não tem poder se aquele que a faz sintoniza mais com o prazer que o mundo oferece do que com as palavras que recitam que nem papagaio. Uma hora ou outra, acabam por ceder! Principalmente se soubermos dar uma *ajuda* a eles, como iremos dar! – disse e gargalhou histericamente, tendo sido acompanhado pelos seus outros "soldados", que não compreendiam o alcance das colocações do temível *Chefe*.

– *Chefe*? – levantou-se uma outra voz entre os subordinados. – Os *vaga-lumes* não os protegem contra nós?

– Tentam proteger, mas a escolha fica a cargo

de cada um. Se soubermos trabalhar direito suas fraquezas, acabarão por sucumbir mesmo com a ajuda dos covardes da Luz. Por isso, eu reforço que temos de colar nesses encarnados minuto a minuto para descobrirmos as brechas morais que cada um tem! Temos que atacar na hora, no lugar e com as armas certas para vencermos! E essas armas serão eles que nos darão. Ou melhor, que descobriremos nas suas fraquezas! Por isso, estou insistindo: cada grupo vai ter de colar em um servidor daquela casa rodeada de proteção. Fora dela, cada um dos *anjinhos* ficará por conta própria, o que nos dará a chance de descobrir do que gostam mais do que fingir ser um santo ao lado do *vaga-lume chefe*. Vocês verão como é fácil perturbá-los em suas fraquezas por meio do empurrãozinho que daremos a cada um deles.

Quando começarem a cair, não ficará um em pé! E, por consequência, destruiremos aquela Casa, apesar da barreira que a protege! A vitória depende de nós! De sabermos descobrir tudo o que tem de mal escondido dentro deles e que está encoberto por um vernizinho à toa, que tiraremos com a nossa esperteza.

– E, *Chefe*, como iremos grudar neles? – perguntou tímido e temeroso mais um dos subordinados.

– Vou dividir vocês em grupos. Cada grupo

vai acompanhar o dia a dia de um daqueles que se sentam na maldita mesa daquela Casa protegida pelos *vaga-lumes*. Essas pessoas são aqueles que se intrometem em nosso mundo comunicando-se com os covardes do nosso plano, que se submetem a eles. São habilidosos atrás da máscara de *bonzinho* que usam. Por meio de palavras melosas, vão capturando os que se deixam atrair, assim como a mariposa desorientada voa em direção ao foco de luz. Com o relatório que vocês me trarão, montaremos nossos planos. Por isso, muita atenção! Vai depender das informações de vocês para organizarmos nossos ataques e nossas vitórias! Vou escolher os componentes de cada grupo, e, a partir de amanhã bem cedo, grudem nos falsos servidores daquilo que eles chamam de *amor* e do *bem*. Vamos, fiéis soldados! Ao ataque e à vitória!

Insuflados em sua vaidade e em seu orgulho, o grupo voltado à prática do mal foi dividido por Reobaldo para vigiar cada servidor do *Recanto de Luz*, principalmente aqueles que serviam, por meio da sua mediunidade, na Casa voltada ao socorro de encarnados e desencarnados.

Capítulo 7

O PRIMEIRO ATAQUE: O

Sexo

Transcorrido um mês após os últimos acontecimentos, Reobaldo reunia-se com seus "soldados" e recebia os respectivos relatórios de cada grupo.

Leu atentamente cada um deles e, sorridente, escolheu o primeiro a ser atacado.

– Muito bom! Então, esse servidor dos *vaga-lumes*, que se senta naquela maldita *mesa*, luta com um dos problemas mais antigos da humanidade?! O senhor *sexo* nos dá a chance de nossa primeira vitória! Muito bem! Quer dizer, então, que esse tal de Eduardo, que serve de intermediário naquela *Casa* para invadir o nosso mundo, gosta de reparar na beleza de uma das suas companheiras de trabalho?! Mas isso vai ser muito fácil! E quem é ela?

– *Chefe*! É uma jovem muito bonita que trabalha na mesma sala que ele – informou o comandado que se ligara a Eduardo para detectar seus pontos fracos.

– Que ótimo! E o nome dela?

– Sílvia, *Chefe*!

– Sabem onde essa nossa *aliada* mora?

– Sim, *Chefe*. Anotamos tudo: endereço, hábitos, pensamentos íntimos, tudo!

– E perceberam se ela também nutre algum desejo por esse tal de Eduardo?

– Sim, *Chefe*. Ele é casado, mas isso não impede que ela se sinta atraída pelo rapaz, que tem uma boa aparência.

– Mas isso vai ser muito fácil! Se um e outro se percebem e, intimamente, não são insensíveis ao outro, é só dar alguns empurrões, e eliminaremos esse covarde do bando de *vaga-lumes*. Eu disse ao chefão deles que esperassem por mim, e não tardará para que possamos dar uma resposta à altura para eles. Que ótimo! Trabalharam bem! Então, vamos começar fazendo uma visitinha a nossa *amiga* pela manhã bem cedo. Quero fazer algumas sugestões a ela. Afinal, uma moça bonita deve andar bem vestida, não é? – e soltou tremenda gargalhada, como se antevisse o sucesso iminente.

Mal começava o dia, e Reobaldo estava instalado na dimensão espiritual do quarto de Sílvia, que tomava o seu banho.

– Prestem bem atenção! Vejam se aprendem! Estou cansado de ensinar a um bando de burros!

Sílvia adentrou o quarto enrolada em sua toalha, após o banho, para escolher em seu guarda-roupa o que usaria naquela manhã. Não era rica, mas tinha várias opções de figurino, que comprava com o seu salário.

– Realmente, é uma jovem muito bela! – colocou Reobaldo, analisando a moça. – Tem um corpo que atrai qualquer homem normal. Até mesmo os covardes servidores do bem! Proporção de quadril e busto! Pernas bem torneadas, que ficam mais destacadas com o auxílio de saltos altos. Vai ser muito fácil! Prestem atenção!

Reobaldo aproximou-se de Sílvia e começou a estabelecer contato mental com a jovem para sugerir-lhe pensamentos que ela não tinha nenhuma suspeita de onde provinham.

– Vai se vestir muito bem esta manhã, minha *amiga*! Afinal, a roupa tem que fazer justiça a sua beleza! Repare, no espelho, o contorno do seu corpo. Realmente, você é muito bela!

A jovem, sob a influência desses pensamentos, que julgava serem dela mesma, olhava-se ainda mais no espelho, admirando a beleza que realmente possuía.

— E tem mais, *amiga*! Tem Eduardo, o companheiro de trabalho! Jovem atraente, não é mesmo?

De imediato, como se dialogasse consigo mesma, Sílvia pensou:

— Mas é casado e tem duas filhas!

— E que tem isso, minha *amiga*?! — prontamente interferiu o Espírito de Reobaldo. — Seu colega de trabalho admira a sua beleza porque ele é um homem normal. Como seu amigo, gosta de ver a companheira de trabalho formosamente apresentável! Os amigos se sentem bem com o nosso bem-estar, Sílvia!

— É mesmo — respondia ela em pensamento. Tenho notado que ele me dá umas encaradas!

— É claro que sim! Você é uma mulher belíssima, que merece todos os olhares da Terra. Como se diz, o que é belo deve ser admirado. Depois, são só olhares, não é mesmo? Que mal há nisso?

— Se ele não fosse casado!...

— Ora, ora! Sua beleza está acima da condição do estado conjugal dele, minha *amiga*! Afinal, ele é homem! Tem esse direito! Que mal existe em admirá-la? E que o recíproco também ocorra?

Sílvia abriu o guarda-roupa e retirou do cabide

um vestido de sua preferência, então o colocou rente ao corpo para analisar como ficaria.

Prontamente, Reobaldo interveio:

– Este não, minha *amiga*! O seu corpo merece um que destaque mais a sua beleza. Digamos que seja um mais *econômico* em termos de medida. Um que mostre suas linhas belíssimas, Sílvia. Por que esconder o que é belo e merece ser admirado?

A jovem recebeu a sugestão, que incentivava a sua vaidade. Devolveu o primeiro escolhido ao cabide e procurou outro com formas mais arrojadas, que deixavam mais à mostra o belo corpo que tinha.

Reobaldo sorria com suas bem-sucedidas investidas sobre a moça. Dominada essa sua vítima, o outro, o tal de servidor do *bem*, capitularia em seguida.

Sílvia colocou o vestido que deixava à mostra muitos detalhes do seu corpo. Veio, então, nova sugestão do desencarnado:

– Ficou belíssimo, *amiga*! Agora deixe os cabelos bem escovados e soltos sobre os ombros! Depois, aplique, em sua pele suave, o perfume de hábito.

A jovem ia sendo como que guiada pelo Espírito, através do pensamento, que lhe dera guarida.

Olhou-se no espelho.

– Está belíssima, minha *amiga*! Eduardo hoje vai ficar ainda mais maravilhado com sua beleza! E deixe-se ser admirada por ele. Vocês dois merecem esses momentos felizes. Já bastam as preocupações com o trabalho, não é assim? Quando adentrar a sala do escritório, vai parecer a mais bela das *misses*, desfilando perante o olhar admirado de todos naquele local, inclusive das próprias companheiras de trabalho.

E enquanto Sílvia dava mais uma olhada na sua figura em frente ao espelho, o Espírito enviava pelo pensamento:

– Maravilhosa! Deslumbrante! Digna da admiração de todos, até mesmo de um homem casado, por que não?

Finalizada a sua influência sobre a moça, voltou-se para os comandados:

– Viram como se deve agir? Ela já está receptiva ao olhar de cobiça do falso *santo* daquela *Casa*, um dos que se intrometem conosco. Vou deixar um de vocês para acompanhá-la até o seu serviço, transmitindo sugestões para que ela pense no companheiro de trabalho. Enquanto isso, vamos até o escritório preparar o *santo* Eduardo. Transmitiremos nossas sugestões a ele para que veja Sílvia ainda mais bela, ainda mais desejável se é que me entendem...

Enquanto Sílvia providenciava sua locomoção para o trabalho, Reobaldo já se achava instalado naquele local e bem próximo da sintonia mental da nova vítima.

Eduardo olhou em direção à mesa de trabalho da companheira e lembrou-se dela.

"Sílvia era uma boa amiga e, por que não, uma mulher muito atraente? Há anos se conheciam e, dia após dia, sua admiração por ela crescia cada vez mais. Se ainda fosse solteiro, com certeza ela seria uma excelente escolha como mulher. Delicada, calma, atenciosa e de uma beleza física que não podia passar despercebida a um homem de bom gosto. Quando próximo a ela, o seu perfume marcava discretamente sua presença e como que impregnava a lembrança quando dela se afastava. Era realmente muito bela a companheira de trabalho" – eram os pensamentos que desfilavam celeremente pela mente de Eduardo, já sob a influência do Espírito voltado ao mal.

Minutos depois, a jovem entrou no recinto sobre os seus longos saltos e, naquela manhã, com um vestido generosamente curto, como Reobaldo a induzira a usar.

A atenção de Eduardo, como dos demais presentes, fora rapidamente atraída por aquela mulher extremamente bela.

– Que mulher digna da admiração de qualquer homem! – sussurrou, ao pensamento de Eduardo, o desencarnado ao seu lado.

O jovem demorou o seu olhar na colega mais do que normalmente o fazia.

– Ela merece a sua admiração como dos demais no recinto, Eduardo – continuou a entidade espiritual. – Como negar a beleza concreta à mostra, não é mesmo?

Ao mesmo tempo, o Espírito que acompanhava a moça, acoplado a ela por ordem do seu chefe, sugeria:

– Eduardo está boquiaberto com a sua beleza, Sílvia! Acertou em cheio na roupa, que revela toda a sua beleza. Você é a deusa do ambiente! Deixe Eduardo perceber que você notou os olhares dele.

A essas sugestões, Sílvia olhou na direção de Eduardo, e os olhares se encontraram. Um leve sorriso dela como que autorizou a forma de olhar do amigo.

Eduardo tentou recompor-se mentalmente.

"Meu Deus! Que é que estou fazendo?! Sílvia é uma amiga, companheira de trabalho!" – rapidamente tentou rebater a atração que, mais ainda naquele dia, a especial beleza da jovem exercia sobre ele.

– Ora, *amigo*! Você apenas admira o belo! Que mal há nisso?! – voltava à carga Reobaldo. – Vá até a mesa dela com alguma desculpa sobre uma dúvida de seu trabalho e a elogie! Por acaso elogiar é errado?!

"Não devo! Somos amigos, e eu tenho esposa e duas filhas! Sílvia é perigosamente linda!" – retrucava Eduardo, como se dialogasse com o Espírito.

– Mas que companheiro ingrato você é! Egoísta também. Nega-se a um elogio a uma companheira de trabalho, mesmo reconhecendo a sua beleza! – tornava, pelo pensamento, o desencarnado. – Um simples elogio. Talvez um abraço de bom dia. Nada mais. Então, volta para a sua mesa, e ela fica na dela. Que mal há nisso, meu *amigo*?

"Não devo. Não posso!" – reagia mentalmente o rapaz.

Reobaldo voltou-se irado aos comandados:

– Este imbecil está ardendo em desejos de abraçá-la, mas resiste. Darei um jeito. Dizem que, se Maomé não vai a montanha, a montanha vai a Maomé! Então...

Rapidamente deslocou-se para bem junto da moça e expulsou o seu comandado de perto dela.

– Saia, incompetente! Agora o negócio é comigo!

E começou a insinuar seus pensamentos a Sílvia.

– Reparou no deslumbramento dele, *amiga*?

A moça sorriu discretamente àquele pensamento, que julgava dela mesma.

– Está ardendo de desejo de abraçá-la! A escolha da roupa adequada e a sua beleza o deixaram boquiaberto. Entretanto, precisa de um empurrãozinho. Vá até a mesa dele com qualquer desculpa. Deixe que o seu perfume lhe penetre a alma. Vai deixá-lo muito feliz! – continuava a sugerir Reobaldo.

De repente, Sílvia levantou-se com um pedaço de papel em uma das mãos e aproximou-se da mesa de Eduardo. O coração do rapaz ficou acelerado diante da tentação que se aproximava.

– Bom dia, amigo – disse ela, em um tom meigo, enquanto seu perfume e sensualidade, agora mais exacerbada pela roupa escolhida sob a influência do desencarnado, atingiam os hormônios do rapaz.

Um frêmito percorreu o corpo de Eduardo naquele momento.

"Coisa mais estranha! Tudo nela aquele dia era diferente! Sensualmente diferente! Apaixonadamente diferente! Não devo, mas não consigo não enxergá-la como uma mulher perigosamente desejável!"

– agitava-se por dentro o rapaz, à medida que ela se fazia mais próxima.

Levantou-se para cumprimentá-la. Um beijo trocado por ambos lançou sobre ele o perfume provocante de Sílvia.

– Bom dia, amiga. Hoje está mais bela do que nunca. O que fez de diferente? É o penteado? Um outro perfume? A roupa, não sei! Mas a amiga está diferentemente maravilhosa!

– Que bom que você percebeu! – colocou, com palavras quase sussurradas.

– E como não perceberia, se todos aqui admiraram quando você entrou deslumbrante nesta manhã?!

E ela, aproximando-se um pouco mais, com a desculpa de mostrar algo no papel que tinha nas mãos, falou bem baixinho, quase nos ouvidos do rapaz:

– Tudo para você!

Reobaldo exultava! Esfregava freneticamente as mãos! Se fosse possível, aos ouvidos dos encarnados presentes, ouviriam estrondosa gargalhada e o grito:

– Vitória! Os *vaga-lumes* que se cuidem, porque Reobaldo chegou para derrotá-los!

Capítulo 8

NOVA

Advertência

ENCERRADA, COMO DE COSTUME, MAIS UMA REUNIÃO aberta ao público, o grupo mediúnico reuniu-se para o serviço de socorro aos desencarnados e encarnados, por meio do exercício da mediunidade de cada um daqueles que serviam com abnegação ao *Recanto de Luz*, sob a supervisão de Valêncio, o dedicado e benevolente amigo espiritual.

Eduardo estava presente. Sentia-se estranho naquela noite, após o dia em que vira e admirara Sílvia em toda a sua beleza exuberante. A moça como que se fixara em sua mente. Até o seu perfume parecia estar no ar. O corpo bem delineado naquele vestido provocante que, até então, ela nunca havia usado, fazia o moço se debater dentro de si mesmo, pelos pensamentos que ela evocava nele, e que sua consciência censurava, emitindo sinal de perigo.

Do lado de fora daquele recinto protegido pelas energias eletromagnéticas, Reobaldo captava a luta íntima do rapaz e exultava com o resultado da sua primeira investida. Como não podia entrar, o Espírito, voltado ao ataque contra o grupo, dirigiu-se à casa de Sílvia.

– Vamos, valorosos soldados! Vamos fazer uma visitinha a uma *amiga* recente.

– E para onde vamos, Chefe? – perguntou um deles.

– Cale a boca e observe ao invés de ficar perguntando! – respondeu, irritado como sempre, o comandante.

Rapidamente adentraram o lar da moça, companheira de trabalho de Eduardo. Os pais da jovem viviam uma religião de fachada. Ela não frequentava nenhuma, de tal maneira que a porta mental daquela residência era facilmente invadida. E disso se aproveitava Reobaldo.

Entrou no quarto, e a moça admirava-se no espelho, ao mesmo tempo em que se lembrava do abalo que percebera em Eduardo.

"Hoje ele tremeu nas bases, como se diz. Percebi toda a emoção que o envolveu pela sua forma de olhar, seu nervosismo quando me aproximei bem de perto, quando sussurrei aos seus ouvidos. Aquele vestido realmente me deixou irresistível! Feliz ideia a minha ao escolhê-lo! Ah! Eduardo! Se você fosse descomprometido, não me escaparia!" – eram os pensamentos que rondavam aquela mente invigilante, situação altamente favorável à atuação de Reobaldo, que se entusiasmava cada vez mais.

O Espírito sorriu e aproximou-se mais dela. Parecia até que ele se superpunha a ela.

– Você foi um sucesso, Sílvia! Não existe homem que não se sinta abalado pela sua beleza e sensualidade. Procure lembrar cada detalhe desde que entrou na sala. Lembre-se do olhar dele para você como criança que contempla um doce da sua predileção. Estava deslumbrado! Se não estivessem ali naquele local de trabalho, ele a tomaria nos braços, como deseja há muito tempo!

E, voltando-se para os subordinados, perguntou:

– Sabem por que estou fazendo isso? Estimulando as lembranças recentes dela?

E, antes que algum deles respondesse, emendou:

– Claro que não! São burros! Ao estimulá-la a lembrar-se do companheiro de serviço, faço com que os pensamentos dela o atinjam mais fortemente dentro daquela *Casa* onde os *vaga-lumes* estão reunidos nesta noite. Repararam como está perturbado, inseguro? Pois então! Mais ainda ficará com os pensamentos dela direcionados para ele. Quanto mais ela pensar em Eduardo, mais a lembrança dela se insinuará para ele. Semelhante a um bom cheiro de comida apetitosa que atraísse um glutão. Vamos continuar acompanhando os resultados das nossas manobras.

Dentro do *Recanto de Luz*, Eduardo não conseguia servir por meio da sua mediunidade naquela noite. Algo não ia bem com ele. Sílvia ocupava toda a sua intenção e, embora, por fora, se mantivesse igual aos outros dias, intimamente estava tremendamente agitado pela sensualidade que ela lhe despertara.

Valêncio deu início às orientações para o trabalho daquela noite, por meio de um dos médiuns presentes.

– Queridos companheiros de trabalho. Que a paz do Cristo possa pacificar sua mente e coração, que se dividem, enquanto encarnados, entre os dois planos da vida. Através de seu corpo material, participam inevitavelmente da vida física, com os seus convites, suas atrações. Entretanto, continuamos a ser Espíritos imortais, com compromissos inadiáveis perante a nossa própria consciência. Muitas vezes, oscilamos como um frágil galho de uma planta diante do vento violento. O importante, porém, é não quebrarmos. Podemos dobrar em muitas ocasiões, mas peçamos a ajuda Dele para que nunca se ausente de nós a consciência da verdadeira razão pela qual estamos reencarnados. Se cairmos, levantemo-nos o mais breve possível. Aquele que cai e se acomoda com o chão demora-se cada vez mais para reerguer-se. Diante da queda, portanto, ergamo-nos o mais rapidamente possível com a ajuda de Jesus.

Aguardou alguns segundos e prosseguiu:

– Esta noite, vamos trazer novamente nosso irmão Afrânio para continuarmos a esclarecê-lo. Ele tem recebido ensinamentos em nossa dimensão espiritual, mas, em contato com os encarnados, seu esclarecimento fica mais facilitado. Aguardemos, confiantes em Jesus, a sintonia do nosso irmão com a mediunidade aqui em serviço abençoado.

Transcorrido um tempo curto, eis que se manifesta Afrânio:

– Onde estou? Cada hora me vejo num lugar diferente!

– Você está entre amigos, meu irmão. Bem diferente do outro local, onde vivia atormentado por companhias desagradáveis. Agradeça a Deus pela bênção do socorro – iniciou o diálogo Mário, sob a inspiração de Valêncio.

– Disso me lembro muito bem. Eu estava no

inferno! Agora não. Tudo parece em silêncio, e tenho sossego sem ninguém a me atormentar.

– Sim, Afrânio. Só que, como você já foi esclarecido anteriormente, esse lugar que você denomina de inferno não existe. É preciso que elimine, dos seus sentimentos, essa concepção totalmente em desacordo com a bondade de Deus! É necessário o desejo sincero de retornar à tarefa não realizada, meu irmão. Lembra-se dessa recomendação?

– Lembro, mas não entendo.

– Veja bem: apesar de você insistir que estava nesse lugar que o homem criou, denominado *inferno*, esse lugar não existe, por ser totalmente contrário à bondade de Deus. Ao invés de sermos lançados num lugar como esse, o que faz o Criador? Permite-nos voltar aonde erramos, onde nos comprometemos, para refazermos aquilo que fizemos errado ou fazer o que deixamos de realizar e que nos é cobrado pela nossa consciência, roubando-nos a paz. Veja você como Deus é infinitamente misericordioso e bom, meu irmão.

– Mas... voltar como? Para onde?

– Recebemos novos pai e mãe, um lar, uma família, irmãos e outros parentes, e retornamos a viver no planeta, em um novo corpo físico. Continuamos a ser o mesmo Espírito só que em nova roupagem, como se fosse a reedição de um livro. O conteúdo é o mesmo, mas a capa pode ser modificada. Ficou mais fácil de compreender dessa maneira?

– Compreendi melhor essa volta. Mas o que vou ter que fazer? Não entendo!

– Calma, Afrânio. Todos nós, necessitados de retornar a uma nova existência, somos pacientemente preparados e esclarecidos sobre essa volta. Nada é feito abruptamente, aos solavancos. Na Natureza, nada dá saltos. Não seria, portanto, conosco, Espíritos criados por Deus e destinados à imortalidade e à perfeição, que isso aconteceria. Aos poucos, você irá sendo esclarecido. E como dissemos anteriormente, para que continue merecendo o socorro da Providência Divina, é preciso continuar firme na disposição de corrigir o que for necessário.

– E o que eu preciso corrigir?

– Todos somos devedores perante as Leis maiores da Vida, meu irmão. Por isso mesmo, Espíritos amigos que se empenham em nosso favor estudam cada caso e, no devido tempo, esclarecem o que necessitamos realizar para crescermos para Deus. O seu caso merecerá o mesmo carinho e os cuidados necessários para que tudo transcorra da melhor maneira possível.

– E enquanto isso não acontece, vou voltar para aquele lugar onde sou torturado?!

– Vai continuar o repouso, recebendo os cuidados necessários e os esclarecimentos para as lutas que se aproximam no caminho da sua redenção. Só deixará de recebê-los caso desista da mudança necessária para a reparação do que foi feito em desacordo com a Lei, quando lesamos a alguém em nossas escolhas, em nossas atitudes.

– Não! Isso nunca! Não quero voltar para o...

Antes que repetisse o conceito da existência de um lugar denominado *inferno*, Afrânio foi desligado do médium para que não continuasse a fixar essa ideia em si mesmo.

Após a pausa necessária, Valêncio retornou por meio de uma das mediunidades:

– Caríssimos irmãos! Os componentes desta abençoada Casa de serviço em nome de Jesus encontram-se sob o ataque de nosso companheiro que se entregou ao sentimento de ódio e vingança, o irmão Reobaldo. Os desencarnados possuem meios de investigar nossas vidas, escolhendo os pontos fracos de cada um para desfechar seus ataques. É necessário orar e vigiar, como nos recomendou o Mestre, para criarmos a fortaleza moral que nos permitirá resistir a esses ataques desfechados exatamente nos pontos de maior fraqueza que ainda transportamos como seres a caminho da perfeição. Os desencarnados podem enviar seus avisos, mas a resistência corre por conta dos irmãos mergulhados no corpo físico. Não podemos criar um escudo de proteção. Essa defesa deverá ser construída individualmente pelos irmãos que estagiam no corpo, lembrando-se de que os convites para que transitemos pela porta larga e fácil da existência não passam de ardilosa armadilha, que nos conduzirá a uma colheita de decepções e dores nos dias futuros.

Aguardou mais uns instantes e continuou:

– Uma das técnicas utilizadas pelos Espíritos voltados temporariamente para o mal é criar um mecanismo de sintonia com os encarnados que são alvos de seus ataques. Estabelecida essa sintonia, com a permissão dos irmãos encarnados, eles conseguem perturbá-los mesmo quando se encontram no interior de uma Casa como esta. Sabemos que o pensamento movimenta energia. Ele próprio, o pensamento, é uma forma de energia. Se o Espírito obsessor consegue implantar uma espécie de antena receptora em sua vítima, ele transmite sua influência deletéria através desse instrumento. Permitido esse mecanismo de perturbação, caberá ao encarnado libertar-se desse tal tipo de mecanismo para que haja a separação entre perseguidor e perseguido. E creiam-me: se é difícil impedirmos que essa instalação se verifique, muito mais difícil será desfazê-la. Por isso mesmo, insistimos no alerta de Jesus sobre a necessidade de oração e vigilância. É necessário o jejum de pensamentos de desequilíbrios, que muitos interpretam comodamente como abstenção de alimentos. Não. É o jejum de pensamentos, frutos de nossas imperfeições, que proporcionam a sintonia com esses irmãos voltados para a agressão, para a disseminação do ódio, para a vingança contra quem eles elegem como seus inimigos, muitas vezes em instantes de invigilância.

Aguardou mais alguns segundos para finalizar:

— Peçamos o socorro de Jesus em favor de nós todos, Espíritos endividados que somos perante as Leis soberanas da Vida. O socorro jamais nos falta desde que saibamos buscá-lo e utilizá-lo nos momentos adequados de nossa vida. A luta é árdua, mas o local de refrigério que aguarda a todos aqueles que saibam optar pela porta estreita da existência é extremamente compensador de todas as lutas que o mundo nos impõe, convidando-nos para a vitória sobre nós mesmos. Que a paz Dele, que soube servir ao mundo sem Se deixar pertencer ao mundo, esteja conosco hoje e em todos os momentos de nossa vida. Muita paz!

A reunião foi encerrada, e o comentário que predominou nas opiniões dos frequentadores encarnados foi a ausência de qualquer manifestação espiritual através de Eduardo, assíduo médium das entidades desencarnadas.

Capítulo 9

O SEGUNDO ATAQUE:* O

Álcool

REOBALDO COMEMORAVA, JUNTO AOS SEUS COMANDADOS, o resultado obtido sobre Eduardo, que não conseguira dar oportunidade para a manifestação de nenhum Espírito necessitado naquela noite, consequência das perturbações que a lembrança de Sílvia conseguira instalar em seu interior.

– Perceberam a nossa vitória sobre esse trabalhador dos *vaga-lumes*? Não conseguiu estabelecer nenhuma ligação com os desencarnados presentes, e que precisavam dos seus recursos. A lembrança de Sílvia roubou-lhe a tranquilidade para realizar seus trabalhos. O chefe deles bem sabia o motivo pelo qual seu pupilo não conseguira participar ativamente dessa reunião, mas não podia revelar, porque ele é metido a *santo*, e *santo* não fala sobre os problemas dos outros. Não fala mal de ninguém. Então, fica com aquela conversinha, dando a volta no assunto. Por isso, são fracos e destinados a perder as batalhas contra nós, que somos fortes e atacamos direto o ponto a ser atingido.

– *Chefe*? – atreveu-se a falar um dos presentes. – E ele ficará assim por muito tempo?

– Cada vez mais! Esta noite mesmo, antes de abordarmos mais um componente desse grupo de fracotes, daremos mais motivos para que a nossa *amiga* Sílvia ocupe ainda mais os seus pensamentos.

– Mas como, *Chefe*? Ele já vai para a casa dormir! – voltou a ponderar o mesmo Espírito que fizera a pergunta anterior.

– Ah! Como vocês têm muito a aprender comigo! O corpo dele vai dormir, mas ele não! Não percebem que, fora do corpo adormecido, ele é como um de nós?

– Não entendi, *Chefe*.

– Eu não esperava que entendesse. É muito burro! Vai acompanhando os acontecimentos para aprender pelo menos um pouco.

Aguardou alguns segundos enquanto pensava em alguma coisa e voltou a falar:

– Vamos dar um pulinho até a casa dela, da moça do escritório, nossa grande *aliada*!

– Mas a esta hora ela também vai dormir, porque trabalha amanhã cedo, *Chefe*! – colocou novamente o comandado em dúvidas.

– Ora! Vê se fica quieto e aprenda! Vamos até a casa dela. Sílvia precisa de um estímulo para dormir ainda melhor esta noite! Já teve sucesso de dia e continuará tendo sucesso noite adentro! – colocou a gargalhar a entidade.

Realmente, Sílvia preparava-se para o repouso. Percorria pelo pensamento o seu dia e fixava-se no escritório, onde fora notada de maneira bem evidente pelo colega Eduardo. Era exatamente dessa fixação que Reobaldo necessitava para dar continuidade aos seus planos. Adentrou com facilidade o quarto da moça, já que a mesma não era dada ao hábito da oração noturna. Dirigiu-se aos comandados:

– Reparem nos pensamentos dela! Sua vaidade de mulher a faz fixar-se mentalmente nos acontecimentos do dia no escritório! A figura do belo Eduardo ocupa-lhe os pensamentos.

Parou seus comentários para ver se alguém do seu grupo fazia alguma pergunta. Como ninguém se manifestou, Reobaldo continuou:

– Assim que o casulo físico adormecer, ela deixará parcialmente a vida de encarnada e virá até o nosso meio. E, o que é mais importante: trazendo com ela, em sua mente, a figura do companheiro de trabalho! Vamos ajudá-la um pouco para que ela nos ajude muito.

Tecendo esses comentários, Reobaldo penetrou os pensamentos da jovem.

– Repare no espelho como você é bela, Sílvia! Eduardo não conseguirá resistir aos seus encantos, assim como ao seu perfume e à bela roupa que deixa à mostra o seu corpo escultural!

Sílvia recebia essa influência do desencarnado e admirava-se ainda mais no espelho. Reparava, vaidosamente, as curvas do seu belo corpo. Deslizava as mãos pelos cabelos fartos. Enquanto retirava a maquiagem sutil utilizada durante o dia, reforçava a convicção sobre a sua beleza e a tentação que o companheiro de trabalho sofrera. Reobaldo continuou.

– Esta noite, esforce-se para sonhar com ele, minha *amiga*! Quem sabe não poderão encontrar-se pelo menos em sonho? – fez a sugestão e sorriu maldosamente.

Foi, então, que a pergunta surgiu em um dos participantes do grupo:

– Mas, *Chefe*? Só sonhar não adianta! Ela precisa se encontrar com ele amanhã de novo para tentá-lo!

– Ah! Mas como são burros! Fora do corpo ela

não precisa esperar pelo amanhã! Pode e vai encontrar-se nesta noite mesmo! Não falei anteriormente que, fora do corpo, ela é igual a nós? Vamos promover o encontro dos dois pombinhos!

Voltou sua atenção para a moça, que já sentia os primeiros sinais do sono físico.

– Durma pensando nele, *amiga*! No belo companheiro de trabalho! Deseje ardentemente sonhar com ele! Apenas sonhar não tem nada de errado, nada de condenável! Chame-o pelo pensamento, assim como se estivesse telefonando para ele. Chame-o, *amiga*, pelo pensamento. Trata-se apenas de um sonho, não é mesmo? Que mal haverá nisso?

Sílvia ajeitou o travesseiro sobre a cama macia e limpa, e continuava com a figura de Eduardo em mente, quando adormeceu.

Reobaldo dirigiu-se novamente aos comandados, que não entendiam o mecanismo de indução de que o chefe se utilizava para estabelecer sintonia mental e consequente atração de Sílvia sobre Eduardo.

– Agora vamos até a casa dele, *Chefe*? – foi a nova pergunta de um dos componentes do grupo.

– Não adianta! Aquele imbecil está protegido temporariamente pela mania que tem de rezar antes de dormir. Mas o nosso amigo chamado *sexo* tem muita força, principalmente nos jovens! E ele nos auxiliará nos acontecimentos. Vamos aguardar mais um pouco para agirmos sobre ele. A moça está bem preparada. Assim que ajeitarmos a situação entre os dois, iremos em direção à nossa próxima vítima que, lá no fundo, sem que ninguém saiba o quanto, aprecia um bom vinho, conforme uma das minhas equipes conseguiu apurar nesse tempo em que passamos a vigiá-los! Esses escravos dos *vaga-lumes* se julgam muito inteligentes, mas não contam com a minha inteligência! – tornou a gargalhar como se comemorasse todos os bons resultados de até então.

Esperou algumas horas a noite caminhar no curso dos minutos e buscou Sílvia, em Espírito, desvinculada parcialmente do corpo pelo sono.

– Olá, minha *amiga*! – disse em tom agradável, aproximando-se do Espírito da jovem, que não discernia com clareza a situação. – Continua bela como sempre! Creio que Eduardo gostaria muito de revê-la, só que, agora, envolvidos pela poesia desta noite estrelada! Pense nele, minha *amiga*! Pense, e ele virá até você com muito prazer. Que belo casal vocês formam! – continuava o Espírito maquiavélico a induzir sua vítima pelo pensamento para que ela atraísse a aproximação de Eduardo, também desvinculado de seu veículo material.

Voltou-se para os subordinados:

— Prestem atenção no que estou fazendo para não sair nenhuma pergunta idiota! Estou sugerindo a ela pensar no escravo dos *vaga-lumes*, que vocês conhecem, para que o atraia até ela.

— Mas, *Chefe*! O senhor não disse que ele estava protegido? — perguntou tímido um dos Espíritos subordinados.

— O sexo nos jovens tem uma força muito grande, como já procurei explicar. Ele virá até ela. É só questão de insistirmos mais um pouco.

Aguardou um pequeno tempo enquanto raciocinava e deliberou:

— Façamos o seguinte: vou deixar um de vocês alimentando o desejo dela de rever Eduardo, e iremos até a casa de nossa outra vítima. Qual é o nome do safado que gosta de um bom vinho?

— Alfredo, *Chefe* — respondeu um dos que haviam participado da vigilância sobre Alfredo, um outro servidor da Casa *Recanto de Luz*.

Chegaram rapidamente ao local previamente vigiado e estudado. O chefe voltou a manifestar-se:

— Reparem que não está próximo ao corpo. Isso indica que não é hora de atacar. Precisamos ser mais inteligentes do que os *vaga-lumes*. Este aqui pode estar em companhia deles e será protegido contra a nossa presença. Vamos esperar com paciência para obtermos a vitória. Aliás, mais uma de uma série de muitas que conseguiremos!

Realmente, Alfredo estava em companhia de Valêncio e de outros companheiros desencarnados, recebendo orientações no plano espiritual.

– Alfredo, meu irmão. Como tenho alertado, nosso *Recanto de Luz* está sob o ataque de entidades desejosas de destruí-lo. Evidentemente que não devemos temer, mas orar e vigiar conforme as recomendações de Jesus. Podemos contar com a proteção do Mais Alto desde que façamos a nossa parte. Procure auxiliar também os amigos encarnados que sofrem a mesma ameaça. Aproxime-se mais do companheiro Eduardo, que está em momento de séria ameaça ao seu equilíbrio moral. Entendo que, quando retornar ao corpo físico, estas minhas palavras não estarão literalmente presentes em sua memória. Irá se lembrar delas como forma de sugestões, que atribuirá a você mesmo. O importante não é de onde tenham partido, quem seja seu autor, mas a presença de nossa fé em Jesus como Aquele que possui o leme de nossas vidas e auxilia-nos para que alcancemos a vitória.

Alfredo estava em um estado de semiconsciência. Absorvia parte das advertências do amigo espiritual.

– Pela manhã, não se esqueça da oração para

que tenhamos um bom dia, em sintonia com os planos maiores da existência, meu amigo. Vamos continuar na luta que nos aguarda sempre para que possamos colher o prêmio da consciência tranquila pelo dever cumprido.

Em nível vibratório mais denso, Reobaldo aguardava a chegada de Alfredo para insinuar-se sobre ele como fizera em relação a Sílvia.

Depois de algum tempo, Alfredo aproximou-se do corpo, mas estava protegido por um tênue halo luminoso, o que levou o chefe à blasfêmia:

— Maldito! Deve ter estado na presença dos *vaga-lumes*! Esta claridade os denuncia! No momento, não poderemos fazer nada, mas deixemos que os problemas do dia a dia o desequilibrem e, então, atacaremos com inteligência, com sutileza. Esses *vaga-lumes* e os protegidos deles são muito espertos! Temos que ser mais espertos ainda! Aguardemos, pois.

Alfredo acordou naquela manhã com uma sensação de paz muito grande.

"Tive uma noite de sono reparador. Creio que devem ter sido os bons amigos espirituais que me visitaram. Lembro-me vagamente de estar em uma reunião onde um deles dirigia a todos os presentes palavras de bom ânimo. Alguma coisa que não consigo identificar, em relação a Eduardo, também foi assunto desse encontro. Quando encontrá-lo no *Recanto de Luz*, por certo me lembrarei do que se trata" – pensava o trabalhador espírita enquanto se preparava para mais um dia de lutas na conquista do salário honesto, após a prece da manhã.

Reobaldo e os seus asseclas aguardavam uma oportunidade melhor para agir sobre Alfredo.

"Enquanto ele estiver envolvido nessa onda de otimismo, qualquer tentativa pode ser malsucedida. Mas os problemas do dia que se inicia é que são nossos aliados. No primeiro vacilo, atacaremos. Vamos acompanhá-lo e aguardar" – ensinava aos subordinados.

O trabalhador chegou ao seu local de trabalho e uma surpresa desagradável o esperava.

– Alfredo! Um dos empregados da firma sob a sua responsabilidade cometeu um erro muito grave nos procedimentos de ontem! Exijo que tome providências imediatamente, ou serei obrigado a nomear outra pessoa de minha confiança em seu lugar! – era o dono da empresa, onde Alfredo trabalhava, chamando-lhe severamente a atenção sobre uma falha de um dos funcionários sob a sua responsabilidade, mal ele chegara à empresa naquela manhã.

– Não se preocupe, senhor. Vou inteirar-me sobre o ocorrido e tomarei as providências para corrigir o erro. Conversarei com o funcionário sob minha direção e vou orientá-lo melhor. Pode ficar tranquilo.

– Me preocupo, sim, Alfredo. Afinal, a firma é minha, e os prejuízos também! E não me venha com essa conversa mansa para falar com esse irresponsável! Tem de ser duro com ele! Se for preciso, demita-o, que eu endossarei a sua decisão.

– É que o rapaz é um funcionário bom, senhor. Deve estar com algum problema, por isso cometeu a falha. Além disso, é casado e tem filhos, senhor. Demiti-lo é causar problemas a várias pessoas.

– Cada um com os seus problemas, Alfredo. Os meus são os da minha empresa. Os filhos e a mulher desse funcionário são problemas dele. Ou conserta o que fez de errado, ou rua! E, se você se acha despreparado para lidar com casos como esse, é só avisar que eu o substituo na sua função. E chega de conversa! Quero atitudes para não comprometer a firma, Alfredo. Vá e cumpra seu dever! E rápido, diga-se de passagem.

– Sim, senhor – respondeu Alfredo, desgostoso com a brutalidade e a insensibilidade do patrão por um pequeno deslize do funcionário.

"Quanta gente precisava conhecer a Doutrina Espírita para entender que não é dono de nada! Que tudo abandonará com a morte do corpo! Para que tanta insensibilidade e violência para com o rapaz?! E para comigo, que sempre me dediquei com todas minhas forças a esta empresa?!" – raciocinava Alfredo, magoado com as palavras ríspidas do patrão.

Dirigiu-se para a seção que comandava e mandou chamar o empregado que havia cometido o erro.

– Carlos, o patrão estava exaltado agora há pouco com uma falha sua cometida no dia de ontem. Está com algum problema, meu rapaz?

– Meu problema é esta firma! Estou cheio de acertar mil vezes, e, em uma única vez que cometemos uma falha, sermos massacrados!

– Calma, Carlos! O nosso patrão zela por aquilo que é dele. Precisamos entender o lado do outro.

– É?! Só o lado dele tem que ser compreendido sempre? Ou seja: mais e mais dinheiro enquanto ficamos com esse salário de miséria que nos paga?!

– Calma, Carlos. O salário é razoável. Tem muita gente desempregada!

– Sabe o que é, senhor Alfredo? O senhor fica do lado do dono porque o seu emprego também depende dele. E sabe do que mais? Sei que o senhor é espírita, pelos comentários que escuto aqui na empresa. Vocês espíritas são uns fracos! Preferem sempre baixar a cabeça como se fossem ser decapitados como os antigos cristãos. O mundo de hoje é diferente! Quem muito abaixa muito apanha!

Reobaldo, que estava presente, acompanhando alguma chance de insinuar-se junto a Alfredo, exultava com a direção que a conversa entre os dois tomava e comentou com seus comandados:

– As coisas hoje estão tomando um rumo para vencermos novamente. O discípulo dos *vaga-lumes* está se aborrecendo com a conversa de Carlos, ainda mais após o bombardeio que sofreu do patrão logo pela manhã. Vamos aguardar mais um pouco, porque a situação está quase "no ponto" para nossa investida.

– Carlos, meu amigo! Estou apenas procurando ajudá-lo a manter o seu emprego. Tem esposa e filhos que necessitam dele, meu jovem. Esfrie a cabeça um pouco, e, depois, tornaremos a conversar – voltou ao diálogo Alfredo. – Tenhamos mais um pouco de paciência!

Reobaldo, percebendo a instabilidade emocional do rapaz, começou a induzi-lo à violência:

– Que nada, Carlos. Paciência é atitude de fracos como ele. Você é forte! Mande esse tal de Alfredo, que joga do lado do patrão, às favas! É o que ele merece. E você, com a competência que tem, arrumará rápido outro trabalho. Não baixe a cabeça, meu rapaz!

– Olha, senhor Alfredo! Se quer ficar do lado do seu patrãozinho, pode demitir-me! Vá com o seu sermão de padre reconciliador lá para o Centro Espírita que frequenta. Aqui, esse tipo de conversa não funciona! – respondeu, ainda mais exaltado, o moço sob a sintonia mental com Reobaldo, que sorria com o resultado de sua influência negativa, sendo ele, praticamente, quem falava pelo rapaz.

– Carlos, estou tentando ajudá-lo. Por favor, não falte com o respeito à minha religião!

– Pois eu também exijo respeito para comigo, senhor Alfredo. Não sou escravo desta firma, desse patrão e nem do senhor! – respondeu, cada vez mais sob a influência deletéria de Reobaldo.

Alfredo preferiu calar, inspirado pelo "sonho" da noite, mas não conseguiu evitar que uma porção de mágoa visitasse seu íntimo.

"Estou tentando auxiliar este rapaz a não perder o emprego, e ele responde com agressividade! Parece até que está sob influência espiritual negativa! Nunca presenciei esse tipo de atitude por parte dele!" – ponderava consigo mesmo enquanto optava pelo silêncio.

Reobaldo, que a tudo presenciava, sentia-se tremendamente feliz.

– Meus caros soldados! A discussão conseguiu abrir uma pequena brecha na defesa de nosso *amigo* Alfredo. Vamos continuar na espreita. O *filhote* dos *vaga-lumes* está abalado intimamente.

– Senhor Alfredo? – perguntou um dos empregados da empresa que trabalhava na mesma seção do seu chefe.

– Sim, Luís. O que foi, meu rapaz?

– Um de nossos clientes deixou essa encomenda para o senhor como forma de agradecimento aos seus préstimos no dia de ontem. Como o senhor já tinha ido embora, estou entregando agora.

– Puxa! Que gentileza!

Alfredo retirou o papel que envolvia o objeto, e uma bela garrafa de um fino vinho importado se lhe apresentou diante dos olhos.

– Não é possível! – exclamou Reobaldo. – Temos auxiliares que desconhecemos, meus soldados! Esse presente não poderia ter chegado em melhor hora! Vamos dar um empurrãozinho em nosso *amigo*, utilizando a brecha mental que o atrito com o tal de Carlos abriu para nós!

Com muito cuidado, começou suas sugestões:

– Que belo presente, Alfredo! Um vinho de classe! Deve ter um sabor muito bom. Realmente digno do seu paladar apurado. Quem sabe se, na hora do almoço, não poderia se servir apenas de um pequeno cálice? Auxiliaria a aliviar o estresse pelo aborrecimento desta manhã, além do fato de o vinho fazer bem para a sua saúde!

Alfredo, mentalmente, recebeu a sugestão.

– Belo presente! A pessoa que o trouxe tem muito bom gosto! – comentou com o funcionário que lhe trouxera a garrafa de vinho. – Vem de uma região excelente da Europa. Uvas selecionadas de primeira qualidade. Na ocasião propícia, apreciarei suas qualidades.

– Isso, *amigo* Alfredo! Na ocasião propícia, você sorverá o conteúdo da garrafa toda, mas agora, no almoço, bem que podia apreciar apenas um cálice, meu *companheiro*! Faz bem para a saúde e auxiliará você a voltar mais calmo para o período da tarde, após o aborrecimento desta manhã, com o empregado desrespeitoso – voltou a se insinuar Reobaldo.

O restante da manhã transcorreu em clima tenso na seção que Alfredo comandava na empresa, pela agressividade colocada por Carlos no diálogo com ele. Foi para casa almoçar, aborrecido com os acontecimentos daquela manhã, ainda mais acentuados pelo fato de o jovem sequer ter se despedido dele, como era de seu costume fazer.

"Que vinho formoso! Belo presente! – exclamava Alfredo à mesa de refeição, após o terceiro cálice, para espanto dos familiares, que nunca viram o chefe de família tomar qualquer bebida alcoólica durante a semana e, justamente, no dia de reunião no *Recanto de Luz*!

Enquanto isso acontecia na casa de Alfredo, o comandado de Reobaldo, que ficara junto a Sílvia, desvinculada do corpo pelo sono da noite, a fim de incentivá-la a buscar pela companhia de Eduardo, com o corpo físico também adormecido, chegou exultante junto ao Chefe e informou:

– *Chefe*! Deu certo! O tal de Eduardo, como se estivesse hipnotizado pela beleza da moça, atendeu ao chamado dela e se encontraram à noite, e ficaram longo tempo conversando!

– Que bela notícia! É! Os *vaga-lumes* me roubaram Afrânio, mas estou dando o troco, centavo por centavo! Veremos quem pode mais! – exclamou, esfregando as mãos e esbravejando, com profunda carga de ódio a dominar totalmente o seu ser.

Capítulo 10

O BLOQUEIO PELA

Culpa

NAQUELA NOITE, APÓS A REUNIÃO PÚBLICA TERMINAR no Centro Espírita *Recanto de Luz*, os encarnados que participavam da reunião mediúnica estavam se preparando para mais um trabalho de socorro aos desencarnados levados até o local.

Eduardo e Alfredo se encontravam entre os presentes. Guardavam, em seus sentimentos, uma incômoda angústia, que bloqueava as condições de ambos ao serviço proposto. E isso era motivo de comemoração para Reobaldo, que se postava nas proximidades espirituais daquele local, sem conseguir, contudo, aproximar-se além de uma determinada distância, devido ao esquema de proteção em torno daquela Casa de socorro.

– Meus soldados! Esta noite, presenciaremos

mais uma vitória. Desta vez, envolvendo Alfredo e o seu bom vinho, além do outro metido a *santo*, de nome Eduardo, que está encantado com a beleza da sua amiga Sílvia. Não podemos nos aproximar, mas, pela ligação mental a que se permitiram conosco, assistiremos, mesmo a distância, o desenrolar dos acontecimentos.

– Eduardo, precisamos conversar após a reunião, meu amigo – era Alfredo quem falava ao companheiro de trabalho na Casa espírita. – Tive um sonho a noite passada que preciso comentar com você.

– Coincidência, então, Alfredo. Também ando com necessidade de falar com algum amigo para extravasar o que vai na minha alma – respondeu o primeiro.

– Então, ficamos assim. Após a reunião, vamos até a minha casa ou a sua, como julgar melhor, para esse nosso bate-papo que estou sentindo a necessidade de termos.

Abraçaram-se e ocuparam os respectivos lugares na mesa de trabalho.

Decorrido o tempo necessário para a prece preparatória ao ambiente, Valêncio manifestou-se por uma das mediunidades:

– Prezados irmãos. As dificuldades que nos procuram foram aquelas que semeamos pelo caminho da vida em qualquer época de nossas múltiplas existências e que hoje se nos apresentam como a oportunidade abençoada de serem resgatadas. Da mesma forma como temos amigos encarnados e desencarnados, temos também aqueles que, por ignorarem as Leis maiores da vida infinita, posicionam-se como nossos inimigos e procuram nos prejudicar de alguma maneira. Quando somos as vítimas, indagamos da Providência Divina o porquê de ela permitir que sejamos fustigados por esses inimigos ou pelos problemas que se nos apresentam pedindo solução. Entretanto, quando somos algozes, não nos lembramos de Deus como um auxílio para não praticarmos o mal contra o nosso próximo.

Aguardou alguns segundos e prosseguiu:

— Aqueles que procuram nos fazer o mal e levar-nos a quedas lamentáveis muitas vezes se valem de armas que encontram dentro de nós mesmos, em nossas fraquezas ainda não vencidas, nos desequilíbrios ainda não corrigidos, no homem velho que ainda impera dentro de cada um. Por isso, o alerta de Jesus do "vigiar e orar" deve levar-nos a analisar o que temos dentro de nós mesmos e que pode funcionar como *munição* a esses equivocados inimigos que nos rodeiam. Na maioria das vezes, quando vigiamos, como nos recomendou o Mestre, olhamos para fora de nós. Mas não devemos nos esquecer de olhar também e, principalmente, para dentro, analisando, com coragem e verdade, aquilo que ainda abrigamos em nosso íntimo e que serve de apoio àqueles que nos desejem o mal, que procurem nos levar à queda.

As palavras do Mentor caíam como uma luva, feita sob medida, para Eduardo e Alfredo, embora servissem a todos os presentes na reunião.

Valêncio continuou:

– Muitas vezes nos tornamos cansativos, repetindo os mesmos alertas. Contudo, devido ao estágio evolutivo em que nos encontramos, esses alertas se fazem necessários exatamente como a criança, que ainda não entende a necessidade de realizar determinadas lições, requisita a lembrança de seus deveres. Perdoem-me a insistência, mas o *Recanto de Luz* está sob a mira de forças que visam nos retirar do serviço do bem, embora a pequenez de nossos trabalhos em nome de Jesus. Concito os companheiros que prestem muita atenção no mecanismo da autoanálise para que possamos continuar a servir e não desistir da tarefa que trouxemos de livre e espontânea vontade para realizar. O dever assumido, na posse do livre-arbítrio, poderá representar as asas de nosso voo em direção aos mais altos planos da Vida, ou as algemas que aprisionarão a nossa consciência aos níveis mais inferiores, até que elas sejam rompidas pelos compromissos devidamente cumpridos. Oremos e vigiemos, principalmente no íntimo de nós mesmos, para que não sejamos vigiados pelos que nos cercam com maus propósitos.

Embora em profundo silêncio e respeito, Alfredo e Eduardo entreolharam-se discretamente.

Valêncio prosseguiu:

– Mais uma vez está conosco, nesta noite de trabalho, o irmão Afrânio, que está sofrendo um processo de esclarecimento gradativo, visando aos compromissos que lhe serão sugeridos no mecanismo de sua recuperação perante a própria consciência. Já está em processo de estabelecimento de sintonia com uma das mediunidades aqui presentes. Recebamo-lo como o irmão querido e necessitado a quem podemos auxiliar de boa vontade.

Decorrido o devido tempo, Afrânio manifestou-se:

– Estou novamente entre os amigos que me protegem contra as forças infernais?

Mário, sob a inspiração de Valêncio, iniciava os esclarecimentos:

– Você está entre amigos que procuram esclarecê-lo sobre os mecanismos de Justiça da Vida, meu irmão. Mais uma vez, lembramos que esse lugar que se encontra arraigado em sua concepção e na de muitas criaturas, denominado de *inferno*, simplesmente não existe, por ser contrário ao Amor e à Bondade de nosso Criador. Como dissemos em outras ocasiões, a misericórdia Divina abre uma nova oportunidade a você, Afrânio, propondo-lhe voltar a uma nova existência na carne para redimir-se perante si mesmo.

– Pelo que me têm ensinado e que consegui entender, terei um novo corpo, então?

– Todos os Espíritos que ainda necessitam retornar para corrigir alguma coisa terão esse corpo abençoado, que é o nosso uniforme na escola da Terra, Afrânio. A misericórdia e o perdão de Deus se manifestam através de muitas outras oportunidades de praticarmos o bem, reparando os erros que cometemos na longa estrada da evolução, meu irmão.

– Todo o sofrimento pelo qual passei nas regiões de trevas, e atormentado por aquele Espírito assustador, é porque tenho muita dívida?

– Todos temos dívidas, meu irmão. Entretanto, se você se volta para a Misericórdia de Deus, pode resgatar e reparar aquilo que não foi feito adequadamente, retornando ao local de trabalho no planeta onde faliu. Apenas aqueles que recalcitram contra o bem é que permanecem temporariamente em regiões de sofrimento e sob o assédio de Espíritos voltados à prática do mal. Por isso, está sendo oferecida a você uma nova oportunidade de trabalho entre os encarnados.

– Devo pedir, então, grandes sofrimentos na Terra, para que possa ser perdoado das minhas faltas? Voltar pedindo esmolas? Catando no lixo para comer? Devo retornar portando defeitos graves no corpo ou na minha mente? Preciso retornar sem um lar seguro, sendo abandonado desde o meu nascimento?

– Calma, irmão Afrânio! Esse raciocínio é característico de quem não conhece a bondade de Deus! Como bem afirmou o profeta Ezequiel, Deus não quer a morte do ímpio, mas, sim, que ele se regenere e viva! É preciso que nos disponhamos, antes de mais nada, a amar! Por meio da capacidade de amar, teremos inúmeras possibilidades de realizar as tarefas que nos aguardam e que representam as oportunidades de reconquistarmos a paz de consciência, temporariamente perdida. Jesus teve como única arma o amor incondicional aos homens e saiu vencedor do mundo, servindo e amando a todos a ponto de suplicar o perdão para aquela turba insana que assistia, aos pés da cruz, a sua morte física. Quem ama perdoa. Quem perdoa abre-se à paz e à felicidade para as quais Deus nos criou.

– Vocês me ajudarão?

– É da Lei que todos nos auxiliemos, Afrânio. Nunca estamos sozinhos, a não ser quando repelimos toda e qualquer ajuda que brota incessantemente dos planos maiores da Vida, em direção a cada um de nós. Ainda quando isso ocorre, a Bondade de nosso Pai continua a aguardar pela nossa mudança. Jesus, o nosso Modelo e Guia, narrou-nos essa verdade na parábola do filho pródigo, que retorna ao lar para a felicidade de seu pai depois de estar perdido na vida. De braços abertos e com muita festa, aquele pai acolheu o filho amado em seu retorno à casa paterna. Deus faz isso conosco.

– Isso quer dizer que me ajudarão?

– Isso significa que Jesus estará sempre presente em sua vida para que tudo aconteça da melhor maneira, para o seu próprio bem e a recuperação perante você mesmo, Afrânio.

Afrânio recebeu mais alguns esclarecimentos e foi reconduzido ao local de socorro onde fora recolhido pelos Espíritos amigos.

Aconteceram outras comunicações de entidades sofredoras naquela noite. Apenas Eduardo e Alfredo não conseguiram colaborar nas tarefas, para surpresa do grupo acostumado à participação assídua desses dois tarefeiros.

Voltaram a tocar no assunto da conversa entre os dois:

– E então, Eduardo? Como prefere? Que conversemos na sua ou em minha casa?

Antes, porém, que ele respondesse, Valêncio intuiu a Eduardo que propusesse o seguinte:

– Vamos conversar aqui mesmo, em uma das dependências do Centro, Alfredo. Aqui estaremos melhor protegidos de influências negativas.

E ainda sob a inspiração de Valêncio, tornou a argumentar Eduardo:

– Que acha de convidarmos Mário? Ele poderá nos auxiliar na conversa, dependendo do assunto que surgir.

– Muito bem pensado, amigo. Convidemos Mário, fiel e dedicado companheiro – respondeu, aliviado, Alfredo.

– Malditos! Queria que viessem para fora desse lugar! Assim poderia também participar dessa *conversinha*! – resmungou para si mesmo Reobaldo, que, à distância do *Recanto de Luz*, observava.

Aceitando o convite dos dois, Mário se dispôs a participar da conversa entre Eduardo e Alfredo.

– Sabe, Mário. Estou muito chateado comigo mesmo no dia de hoje. Inclusive, não consegui dar oportunidade a nenhum dos irmãos desencarnados. E o motivo desse estado de ânimo foi a ingestão de bebida alcoólica na hora do almoço além do que devia, mesmo sabendo dos trabalhos desta noite, aqui no *Recanto de Luz*. Não minto que aprecio um bom vinho, mas me faltou moderação, principalmente sabendo da minha responsabilidade nos serviços de nossa Casa – era Alfredo quem abria o coração humildemente perante os amigos.

– E o meu caso, amigo Mário, trata-se de uma colega de trabalho que exerce uma grande atração sobre a minha pessoa. Não nego que se trata de uma mulher linda. Tenho de ser sincero e admitir que está ocupando espaço demais em minha mente! – era a vez de Eduardo desabafar.

Mário ouviu respeitoso e ponderou:

– Não tenho nenhum mérito para ditar orientações aos companheiros, já que também tenho as minhas imperfeições. Entretanto, só quero relembrar os alertas repetidos do nosso Mentor Valêncio sobre o ataque que o *Recanto de Luz* está sofrendo por parte de entidades desejosas de destruir nossa Casa. Todos assistimos à fúria de Reobaldo em suas manifestações em nosso meio. Somos pequenos. O mérito é todo do Cristo, mas, como trabalhamos em nome Dele, nos transformamos em alvo do ataque quando damos condições a essa possibilidade.

Aguardou mais um pouco para continuar a considerar:

– Sabemos que a tentação, seja ela qual for, está, em primeiro lugar, dentro de nós mesmos. O apelo ao sexo é uma arma muito forte e frequentemente utilizada pelos inimigos espirituais pela eficácia de que é possuidora. Da mesma forma, não podemos menosprezar o álcool. Sacia, no primeiro momento, para abrir portas aos desequilíbrios posteriormente. Como os amigos já identificaram o problema, o ponto fraco, podemos entender que os inimigos do *Recanto de Luz* conseguiram identificar em vocês qual o melhor caminho para tentá-los. Nada mais me resta a falar, a não ser que relembrem os ensinamentos da nossa Doutrina Espírita, que oferece a medicação para cada chaga das nossas almas. Muita oração e vigilância da parte de todos nós! Através da oração, nos mantemos em contato com os amigos espirituais e, através da vigilância, procuramos lutar contra os apelos da animalidade, que existe em todos nós.

Aguardou mais um pouco e propôs:

– Oremos, pedindo o socorro de que necessitamos ao nosso Mestre Jesus. Que ele tenha piedade de nossas fraquezas e nos proporcione forças para as lutas que estamos vivendo. Ele, que enfrentou todos os desafios do mundo, vencendo-os, auxilie-nos em nossas dificuldades. Se já identificamos por onde estamos sendo atacados pelos inimigos do bem, supliquemos o socorro das esferas espirituais mais elevadas. O auxílio não haverá de faltar. Entretanto, nossa cota de luta, contra nós mesmos, terá de ser dada.

Jesus venceu o mundo, mas não se furtou ao sofrimento injusto que os homens lhe impuseram. Que esperar para nós, Espíritos ainda no início da jornada evolutiva? Proponho aos companheiros que orem o *Pai Nosso* mentalmente enquanto aplico passes em vocês.

Enquanto Mário transmitia as energias benfeitoras, através do passe, Valêncio procurava romper as cadeias que sintonizavam Eduardo e Alfredo à figura de Reobaldo. O socorro dos Espíritos amigos se fazia presente, mas não dispensava, absolutamente, a parcela de lutas que esses dois companheiros teriam que realizar para se libertarem da influência espiritual negativa que haviam se permitido em momentos de invigilância.

A distância, Reobaldo vociferava:

– Os *vaga-lumes* não conseguirão tirar a bela Sílvia da mente de Eduardo. Eu irei continuar orientando as insinuantes roupas que a moça utilizará no ambiente de trabalho! O perfume convidativo a uma noite de prazer inesquecível nos braços da linda mulher! E a saborosa garrafa de vinho continuará a convidar para satisfazer ao paladar do fraco Alfredo! – disse gargalhando e estertorando de ódio.

Capítulo 11

O TERCEIRO ATAQUE:

Melindres

— SEGUNDO O RELATÓRIO DE OUTRO GRUPO DOS NOSsos soldados, temos uma porta aberta ao nossos planos em duas mulheres que trabalham para os *vaga--lumes*! – era Reobaldo dirigindo-se aos seus comandados.

Continuou:

— Lá naquela Casa onde os covardes se reúnem, elas se abraçam, cumprimentam-se, mas, pelas informações que os meus comandados trouxeram, por dentro tecem críticas umas às outras! Sentem inveja uma da outra! Disputam pelo sucesso no serviço! Batalham pela posição de destaque! Uma deseja ser mais admirada do que a outra! E isso que ficamos sabendo é muito comum entre eles. Chama-se orgulho!

Vaidade! Que representam uma porta escancarada para o nosso ataque.

Fez um minuto de silêncio como se tivesse outros planos e voltou a comentar:

– Antes, porém, vamos apertar o cerco contra o jovem Eduardo, que está perdido de desejos pela bela Sílvia. Hoje, ela irá vestida irresistivelmente para ele! Belo corpo, mulher jovem, perfume de bom gosto, roupa insinuante e convidativa, tudo muito bem arranjado pelas minhas sugestões para fisgar o belo *peixe*! Os *vaga-lumes* sentirão o golpe e saberão com quem estão lidando!

E, enquanto gargalhava de prazer antevendo seu sucesso, o obsessor dirigiu-se até a casa da jovem, na manhã que antecedia mais um dia de trabalho, para influenciá-la na escolha de roupas, as mais ousadas possíveis.

Sílvia entrou deslumbrante no escritório, buscando, com o olhar, o companheiro Eduardo. Reobaldo acompanhava bem de perto. O ambiente de trabalho era conturbado por pensamentos originados nos problemas de cada um, o que não oferecia resistência praticamente nenhuma à sua ação.

– Bom dia, meu companheiro de trabalho preferido – disse Sílvia, em tom baixo de voz, a Eduardo, como se estivessem a sós.

O perfume suave, mas perfeitamente perceptível, antecedeu suas palavras até a pessoa do rapaz.

"Hoje, ela parece mais deslumbrante ainda! Essa mulher me põe louco! Apesar de todos os alertas do plano espiritual, ela parece driblar minhas defesas e adentrar na minha intimidade de forma irresistível!" – debatia-se em pensamento o rapaz.

– O que foi?! Não me ouve nem me enxerga por acaso? – voltou ela à carga insuflada por Reobaldo. – Está precisando relaxar um pouco, meu amigo.

– Desculpe, Sílvia. É impossível não ver ou ouvir uma pessoa como você, minha amiga. Desculpe.

– Me parece preocupado com alguma coisa! Posso ajudar? Precisa de alguém para ouvi-lo? Conte comigo.

"Tenho vontade de dizer toda a verdade para ela! Alertá-la do perigo que ronda meus pensamentos. Sou casado e pai! Não posso me envolver com ela, apesar do fascínio que exerce sobre mim, como em qualquer outro homem normal! Está cada dia mais linda! Sei que não devo e não posso! É o que preciso falar sinceramente a ela. Mas a vontade que tenho é de tomá-la nos meus braços! Não estou aguentando mais!" – agitava-se Eduardo nessa onda de pensamentos em que se debatia entre o certo e o errado.

"Vai, minha amiga! Ele está praticamente conquistado pela sua beleza! Um pouco mais e terá em seus braços esse belo homem que sempre exerceu atração sobre você! – insinuava-se Reobaldo nos pensamentos da moça.

"Vigiar, principalmente, a nós mesmos, Eduardo! Vigiar-nos por dentro e não procurar desculpas em nosso exterior!" – era Valêncio, presente, que lembrava ao rapaz a necessidade da vigilância nesse momento crítico de sua vida.

– Sabe, Eduardo, preciso de umas explicações suas sobre um serviço que o nosso chefe me incumbiu de fazer. Não poderíamos ficar até um pouco mais tarde hoje, após o expediente? – perguntou Sílvia, tocando com os seus dedos suaves o braço do moço.

E como ele vacilasse na resposta, insistiu:

– Por favor, amigo! Um pouquinho do seu tempo para a sua colega de trabalho aqui – voltou à carga, fazendo charminho.

– Mas...

– Ora! Está preocupado com os outros? Pois não fique. Tenho uma cópia da chave de nossa sala! Saímos quando todos saírem e, depois, retornamos discretamente. Um pouco só do seu tempo e ajudará muito essa sua amiga de tantos anos! Por favor!

– dizia, em tom lânguido, para o companheiro de trabalho.

"Esse tal de sexo é nosso grande amigo, meus soldados!" – exclamava Reobaldo perante a eminente capitulação do rapaz. "Essa mulher exuberante vai ser a nossa *bomba* na resistência dele e do tal *Recanto de Luz*! Desta noite, esse servidor dos *vaga-lumes* não passa!" – disse, levantando os braços e agitando-os no ar.

Enquanto isso, Valêncio enviava, por meio da intuição, o socorro ao jovem sob o ataque que sofria na ação dos desencarnados que se valiam dos atrativos físicos da moça.

"Eduardo, meu irmão, recorde-se dos ensinamentos de Jesus, a quem servimos! Os prazeres do mundo são fugazes e não saciam a sede da alma. De que vale um copo de água salgada àquele que tem sede? É exatamente da mesma forma que funcionam os apelos da carne. Lute, meu amigo! Lembre-se e conte sempre com Jesus. Entretanto, sempre fica sob a nossa responsabilidade a palavra final, portadores que somos do livre-arbítrio."

"Muito bem, meus soldados! Praticamente ganha esta batalha, vamos nos deter na próxima. Pelas informações que alguns de vocês recolheram, enquanto vigiavam os trabalhadores dos *vaga-lumes*, temos duas fofoqueiras disfarçadas de boazinhas.

Analisando os dados, entendemos que Raquel tem ciúmes de Luíza em relação aos trabalhos que a sua colega realiza naquela Casa que eles chamam de *Recanto de Luz*, e que nós transformaremos em trevas!" – vociferou, colérico, o chefe, infundindo medo nos Espíritos dominados por ele. "Raquel sente-se em segundo plano! No seu íntimo, deseja que a tal de Luíza seja eliminada de alguma forma, quando, então, ela ocupará o primeiro plano. Vejamos no que podemos *ajudar* para que ela seja atendida" – continuou sarcástico.

Parou por algum tempo, afastando-se do grupo e ordenando que o deixassem a sós. Decorrido esse intervalo, retornou com um sinistro brilho nos olhos, provocado pelo ódio que lhe invadia o ser. Sua voz estava mais grave. Sua respiração mais ofegante. Quando começou a falar, foi como se um forte vento agitasse o local onde se encontravam.

– Vamos providenciar uma bela dor de cabeça em Luíza para que ela não possa ir àquela Casa dos *vaga-lumes* na noite de hoje! – grunhiu Reobaldo, com o semblante carregado de irritação contra o *Recanto de Luz*.

– Mas, *Chefe*...? Do que adiantará essa mulher não ir lá na noite de hoje? – atreveu-se a perguntar um dos Espíritos dominados.

– Você verá. Ou pensa que sou estúpido para

não ter pensado em mais nada? Primeiro, vamos providenciar o impedimento para Luíza. Depois, atacaremos a invejosa exatamente nesse seu ponto fraco.

– Mas ela não é protegida pelos *vaga-lumes*? – arriscou-se a perguntar novamente o mesmo subordinado.

– Vejo que está ficando inteligente! Sim, ela é protegida por esses fracos e covardes. Por isso mesmo que não atacaremos diretamente. Iremos pelos flancos. Como nas batalhas onde o vencedor tem estratégia para ganhar – colocava com segurança.

– Não entendi... – retrucou perigosamente o subordinado, que já ia além dos limites recomendáveis perante a figura sinistra de seu chefe.

– É claro que não! Sua burrice impede que compreenda! Essa mulher não é casada, imbecil? – disse, colérico.

– Sim... – respondeu timidamente o subordinado.

– E esse marido também faz parte dos servidores dos *vaga-lumes*?

– Não, Chefe!

– Pois ele representa o nosso *flanco*! O ponto fraco por onde atacaremos!

– Não entendi...

– Pois cale a boca e observe em lugar de ficar fazendo perguntas idiotas!

O medo impôs um pesado silêncio em todos.

– Vamos procurar o marido dessa tal de Luíza e ajudá-lo a chegar em casa bem irritado. O resto será fácil.

Assim que comentou o plano que tinha em mente, dirigiu-se com o grupo para o local de trabalho do marido de Luíza. A situação favorecia seus planos. Henrique, o cônjuge de Luíza, era um homem irritado por natureza e, por ser dessa forma, predispunha-se à interferência dos Espíritos desejosos de vê-lo desequilibrado. Reobaldo que, em rápida análise, detectou o ponto fraco de sua vítima, começou rapidamente a procurar um motivo para irritá-lo mais ainda. Induziu-o à distração, o que provocou um cálculo errado no serviço contábil que executava. As contas seguiram para a conferência do dono do escritório, que detectou o erro cometido e chamou duramente a atenção de Henrique devido aos prejuízos que a sua atitude desatenta poderia ter causado à empresa. A represão do chefe colocou mais *lenha na fogueira* do mau humor do seu empregado, que se dirigiu para casa na hora do almoço, expelindo *fumaça pelas ventas*, como se costuma dizer.

Henrique abriu a porta da residência com brutalidade.

– Que dia maldito! Parece que tudo dá errado. Estou cheio daquele serviço e daquele patrão!

Tal atitude mantinha-o em ligação mental com Reobaldo, que comemorava.

"Agora falta pouco, meu amigo! Vamos despejar sobre Luíza um bocado dessa sua ira" – comentava o Espírito, esfregando as mãos, que mais lembravam a garras que as feras utilizam para estraçalhar suas presas.

Sentou-se à mesa para a refeição, mal tendo cumprimentado a esposa.

– Algum problema no serviço, Henrique? Você parece mais nervoso do que de costume! – comentou, temerosa, Luíza, que já conhecia bem o marido.

– Todos os problemas! Aquele imbecil do meu patrão é uma pessoa intragável! Detesto-o! – disse Henrique, despejando energias altamente negativas dentro do próprio lar, para a alegria de Reobaldo.

– Vamos, então, fazer uma prece por ele, Henrique! – colocou, timidamente, a esposa, na tentativa de aplacar os sentimentos em desequilíbrio do marido.

– Que prece, coisa nenhuma! Quero que você

faça uma macumba contra ele lá naquele lugar onde você tem o costume de ir quase todos os dias!

– Desculpe, Henrique. Entendo que deva ter motivos para estar zangado, mas, no *Recanto de Luz*, só pedimos pelo bem de todos.

– Pois, então, para o meu bem, que sou seu marido, peça para aquele maldito morrer!

Luíza sentiu o impacto dos sentimentos do esposo como se uma forte lufada de vento a atingisse em pleno peito. Reobaldo aproveitou a situação.

"Vamos utilizar as energias altamente negativas desse imbecil para atuar sobre o corpo da mulher dele e provocar uma forte dor de cabeça e indisposição, que a impedirão de ir ao tal *Recanto de Luz* no dia de hoje" – orientou aos seus comandados, satisfeito pelo tumulto causado no ambiente doméstico.

E, antes que Luíza pedisse socorro aos Espíritos amigos, manipulou fluidos, que impuseram, ao centro cerebral e cardíaco dela, as condições para que uma forte dor de cabeça tivesse início a partir daquele momento de desequilíbrio no lar.

Valêncio procurou socorrer, mas Luíza havia dado tamanha recepção à cólera do marido, que o mal estava desencadeado, o que levaria a servidora a não comparecer aos trabalhos da noite.

– *Chefe*, afastamos uma das mulheres, mas... e a

outra? Vai conseguir trabalhar naquele lugar? – perguntou um dos comandados.

– Sim! Ela precisa ir! Terei uma surpresa para ela e para os *vaga-lumes* também!

O dia transcorreu em desarmonia no lar de Luíza, e o objetivo de Reobaldo foi alcançado.

No início da noite, antes de se dirigir em direção ao *Recanto de Luz*, o Espírito voltado ao mal resolveu verificar como andava o encontro entre Eduardo e Sílvia depois de encerrado o expediente no escritório onde iriam se encontrar para a consumação dos desejos carnais. Estava antevendo mais uma de suas vitórias após a capitulação de Luíza.

No interior do prédio, os jovens realmente se encontraram, voltando, após encerrado o trabalho do dia, e utilizando-se da chave extra que a moça possuía. Ela estava mais bela e irresistível aos olhos de Eduardo, sob forte influência de Reobaldo, e não demorou que surgisse a proposta:

– Eduardo. Que tal irmos para um local mais aconchegante? Mais discreto? Aqui ficaremos sempre tensos com a possibilidade de alguém entrar...

Eduardo ouvia como um autômato as palavras da jovem encantadora. Estava como que hipnotizado por ela, com o auxílio de Reobaldo. Ela estava muito próxima quando fez a proposta. Tão próxima, que o seu perfume discreto chegava até ele de forma extremamente tentadora. O corpo muito bem proporcionado e exposto por roupas provocantes. Não houve mais como resistir. Tomou-a nos braços, puxou-a até si, e ela deslizou com a leveza de uma pluma arrastada por uma brisa gentil. Sentiu o calor de Sílvia e o seu coração, que palpitava rápido como o dele. Os cabelos longos e soltos sobre os ombros. Não respondeu com palavras à proposta da moça. Respondeu com um longo e apaixonado beijo.

Reobaldo exultava!

"Não disse que os *vaga-lumes* iriam me pagar?! Um já foi! O outro, o adorador de vinhos, também encontrará o dele com a minha ajuda! Daqui a pouco, atacaremos a tal de Raquel! Dessa forma, iremos desmoronar a fortaleza dos covardes que ousaram me desafiar!" – exclamou, triunfante.

Já contando, como certa, a derrota de Eduardo, convocou seus comandados para atacarem o *Recanto de Luz*, deixando Sílvia e o rapaz um nos braços do outro no interior do escritório.

No entanto, se o mal trabalha, o bem também tem os seus planos. Valêncio tinha as suas armas. Vendo a iminente capitulação de Eduardo, tomou uma certa providência com a qual Reobaldo não contava, o que o fez *cantar* vitória antecipada.

Após o longo e apaixonado beijo, com os hormônios à flor da pele, Sílvia, novamente, propôs ao rapaz que fossem a um lugar mais confortável para continuarem a *conversa* entre eles. Eduardo não raciocinava mais com os ensinamentos que a sua religião incansavelmente transmitia. Os alertas de Valêncio eram como que amordaçados na lembrança do rapaz, envolvido completamente pela paixão pela companheira de trabalho. A proposta de Sílvia foi aceita, e Eduardo sugeriu que saíssem daquele local em busca de um mais apropriado para a continuidade daquele encontro. Chamaram o elevador, e, já na recepção do prédio que abrigava o escritório onde trabalhavam, a moça saiu primeiro para não levantar suspeitas. Eduardo tinha os pensamentos a deslizarem em velocidade vertiginosa. "Como Sílvia estava ainda mais bela naquela noite! Nunca a enxergara daquela maneira! Suas roupas, seus cabelos sedosos, seu perfume, todo o seu ser exerciam sobre ele uma atração irresistível! Racionalmente, sabia que estava errando, mas o seu corpo pedia aquilo, e ele não conseguia se negar àquele momento de felicidade incontrolável! Afinal, era jovem, pleno de saúde, e ela, uma mulher belíssima! E, além disso, Sílvia sabia muito bem que ele era casado e pai de duas meninas! Não a estava enganando! Aliás, fora ela quem conduzira a situação até aquele ponto. Depois veria como tudo ficaria, mas, no momento, resistir seria impossível!" – eram os pensamentos que deslizavam com uma rapidez espantosa pela cabeça de Eduardo.

Ajeitou ainda mais a camisa, a gravata e o paletó para manter as aparências livres de qualquer suspeição. O porteiro do prédio, ao ver Sílvia sair e, quase em seguida, ser acompanhada por Eduardo, indagou num misto de curiosidade e malícia:

— Olá, "seu" Eduardo! O senhor e dona Sílvia fizeram hora extra hoje?

A resposta veio seca para interromper o diálogo e a curiosidade do intrometido:

— Sílvia estava com um trabalho pendente, que dependia do meu ponto de vista, e vim ajudá-la por alguns minutos. Tudo resolvido, estamos indo de retorno às nossas casas. Passar bem, amigo.

"Ô homem curioso! Por que não cuida melhor do serviço dele? Foi bom sairmos separados um do outro, porque gente que cuida da vida dos outros não falta!" — ruminou consigo mesmo Eduardo enquanto se dirigia para a saída do edifício.

Passou pela porta de entrada e procurou Sílvia com os olhos para acompanhá-la, quando ouviu duas vozes extremamente conhecidas:

— Papai! Papai! Viemos buscá-lo!

Ao mesmo tempo em que falavam alto, as duas

crianças chegaram rapidamente, e cada uma abraçou uma das pernas de Eduardo.

Fora como se uma chuva torrencial tivesse caído sobre a cabeça dele.

– Meus tesouros! Que estão fazendo por aqui?! – perguntou, como que despertando de um sonho.

– Como você não chegou na hora de costume, a mamãe nos trouxe para fazer esta surpresa pra você! Gostou, papai?

– Claro, meus amores! Vocês nem podem imaginar o quanto! – disse, com um sorriso extremamente *amarelado* no rosto, ao mesmo tempo em que afagava os cabelos das filhas.

Sílvia, que presenciara a cena de longe, compreendeu toda a frustração do plano e, disfarçadamente, afastou-se em direção ao seu lar.

Valêncio sorria enquanto se manifestava satisfeito:

– Irmão Reobaldo, o amor tem também as suas armas! Quem resistiria a duas crianças inocentes?! Agradeço a Jesus a intuição de agir sobre Vera, a esposa, para que viesse esperar pela saída do marido, já que o mesmo se encontrava atrasado do horário costumeiro de chegar em casa.

Com o coração inundado de alegria por interromper a sequência das intenções de Eduardo e

Sílvia, que se comprometeriam com aquela decisão impensada, chegou mesmo a sorrir de felicidade.

Dentro do veículo, dirigido pela esposa, Eduardo enfrentava a *promotoria* interior, que desfilava a sucessão de erros cometidos naqueles poucos dias em que a relação de Sílvia com ele havia atingido uma aproximação perigosa.

Vera, a mãe das duas filhas dele, percebeu que alguma coisa perturbava o marido, pela expressão abatida do seu rosto, e comentou, candidamente, o que afligiu ainda mais seu coração:

– Você está com um ar de cansado, amor! Creio que está precisando de umas férias do serviço. Aconteceu algum problema hoje? Você nunca chegou tarde em casa!

– Problemas não faltam, Vera! Problemas não faltam...

– Por isso está com essa feição de cansado?

– Com certeza. Cansado do serviço, cansado de mim mesmo!...

– Credo, Eduardo! Precisa pedir para o pessoal lá do Centro Espírita aplicar uns passes em você!

– É. Você tem razão, meu bem. Você tem razão. Preciso mesmo tomar uns passes...

Capítulo 12

O ATAQUE

Prossegue

REOBALDO, CERTO DA VITÓRIA SOBRE EDUARDO, estava próximo da região do *Recanto de Luz*, arquitetando a sequência dos seus planos e aproveitando o melindre que existia em Raquel com relação a Luíza. E dirigia-se aos seus comandados:

– Meus soldados! Já vencemos, pelo sexo, a um dos protegidos dos *vaga-lumes*, Eduardo. O apreciador de vinho, Alfredo, também precisa de mais um empurrão para mergulhar no domínio das garrafas dessa bebida. Agora, porém, o nosso ataque será desferido contra Raquel, a invejosa servidora que não suporta a presença de sua *amiga* Luíza, a qual afastamos na noite de hoje com uma *bela* dor de cabeça, que lhe impusemos por meio do marido desequilibrado. E é exatamente isso que viemos fazer nas proximidades desse local onde os servidores dos *vaga-lumes* se reúnem. Enquanto Eduardo está nos braços de Sílvia, vamos acabar com mais essa *escrava* deles, invadida pelo melindre contra a sua companheira.

– Mas, *Chefe*, como vamos fazer isso se não podemos entrar lá? – indagou um dos denominados de *soldado* pelo Espírito obsessor.

– Você tem razão. Só a minha inteligência é que pode contornar o problema. Os *vaga-lumes* não são caridosos? Pois, então! Escolherei entre vocês um grande *sofredor* que precisará do socorro desses bondosos servidores que preferem autodenominar-se de servidores do bem, e enviarei esse *pobre sofredor* para aquele lugar onde socorrem os necessitados – disse e gargalhou perante a plateia de assustados Espíritos dominados por ele.

Depois que o medo da maioria diminuiu, um deles ousou argumentar:

– Mas, *Chefe*, não deixarão ninguém de nós entrar lá!

– Como não?! Então, negarão ajuda a um desesperado *sofredor*?! Afinal, são ou não são extremamente bondosos? – perguntou ironicamente. – Um de vocês vai até aquela casa pedir socorro.

– Socorro para quê, *Chefe*?! Se descobrirem que é um de nós...

– Não farão nada além de aconselhá-lo! São metidos a santos, e santo tem que ajudar sempre, seja lá quem for!

– Mas o que vai dizer naquele lugar quem de nós for o escolhido?! Ficaremos sem saber o que dizer! – tornou a argumentar, assustado, o manifestante.

– Pronto! O escolhido é você que não fecha essa sua boca! O que vai dizer correrá por minha conta. Estarei em contato mental com você, que repetirá o que eu mandar. E tem mais um detalhe que faz parte do meu plano: vai utilizar a invejosa Raquel para repetir as minhas palavras. Aquela mesma que tem ciúmes doentio da outra, chamada Luíza. Vamos estabelecer as condições para armar uma confusão entre essas servidoras dos *vaga-lumes*! Conhecerão do que eu sou capaz! O adorador de sexo já se comprometeu com Sílvia. O outro apreciador de vinhos já está em bom caminho para o descaminho. E, agora, essas duas funcionarão como outra bomba que vou detonar contra eles.

Terminada a parte da reunião aberta ao público do *Recanto de Luz*, o grupo mediúnico reuniu-se sob a supervisão de Valêncio para o atendimento aos desencarnados sofredores. Depois de algumas manifestações de entidades, relatando seus dramas, uma se apresentou por meio da médium Raquel, que tinha rixa com Luíza, que fora impedida pela forte dor de cabeça de comparecer aos trabalhos daquela noite.

O Espírito necessitado iniciou a comunicação pelo fenômeno da psicofonia, através de Raquel:

– Agradeço aos amigos a oportunidade de ser socorrido nesta noite. Cometi o suicídio há um mês e estou muito preocupado com o sofrimento da minha família. Por isso venho a esta Casa solicitar ajuda para mim e para os meus familiares. Tenho ido à minha casa, mas não me veem nem me ouvem para que eu possa consolá-los. Peço a intervenção dos amigos para o endereço que vou passar para os corações bondosos aqui presentes.

Mário, o responsável pelo trabalho de orientação aos sofredores, prontamente interveio na manifestação que estava ocorrendo:

– Meu amigo. Esta nossa casa abençoada realmente está aberta em nome do trabalho por amor a Jesus e a todos os necessitados que possamos auxiliar. Para que possamos ajudar a todos os que buscam pelo socorro, precisamos respeitar e ser respeitados. Solicitamos, portanto, que o amigo se entregue ao auxílio dos companheiros desencarnados aqui presentes para um atendimento mais urgente e, quando melhorar, estaremos à sua disposição para atender ao seu pedido de agora. Pedimos-lhe o favor de acompanhar os amigos espirituais aqui presentes, que prestarão o devido socorro emergencial de que tanto necessita. Vá em paz.

A intervenção repentina de Mário, na comunicação que havia se iniciado, gerou um clima de insegurança no grupo mediúnico e, especialmente, em Raquel, o que levou ao encerramento da comunicação e da reunião daquela noite.

Entretanto, o dirigente dos trabalhos solicitou a permanência dos componentes do grupo para esclarecimentos imediatos, que se faziam necessários.

– Raquel, o que você achou dessa comunicação, companheira? – perguntou Mário.

– Não sei ao certo. Estou confusa.

– Precisamos analisar os acontecimentos com a finalidade de não darmos permissão a entidades desejosas de tumultuarem nosso ambiente de trabalho. As contradições desse Espírito eram gritantes. Revelou, nas primeiras palavras, fatos impossíveis! Como pode um suicida estar em condições de se comunicar em tão pouco tempo? Não consegui entender qual a real intenção desse Espírito, mas que não era um suicida recentemente desencarnado, isso realmente não era! Por isso, resolvi intervir para que não semeasse mais mentiras junto ao grupo e, pelo mesmo motivo, pedi para que ficassem para podermos analisar essa comunicação mal-intencionada.

– Mas por que nosso Mentor Valêncio permitiu a sintonia com a minha mediunidade se tratava-se de um mistificador? Por acaso, ele não percebeu tal fato? Estaremos desprotegidos pelo plano espiritual a tal ponto, senhor Mário? – perguntou Raquel, já contrariada pela interrupção da comunicação que acontecia por meio da sua mediunidade.

– Em absoluto, Raquel. Nosso Mentor pode ter permitido essa comunicação totalmente contraditória exatamente para nos despertar para os perigos a que estamos expostos quando exercemos a mediunidade, ficando vulneráveis a tais tipos de Espíritos. De um acontecimento de tal natureza, extraímos lições para aperfeiçoarmos nossa tarefa e conhecimento sobre o fenômeno mediúnico e podermos servir melhor.

– O senhor está querendo dizer que não estou preparada para me sentar nesta mesa, senhor Mário? – retrucou com azedume Raquel.

– Por favor, Raquel! Não se trata disso, minha amiga. Todos os médiuns estão expostos a investidas de Espíritos mistificadores cuja intenção é desacreditar o fenômeno mediúnico e semear a discórdia, a desarmonia, para anular a possibilidade de abrirmos oportunidades de socorrermos os aflitos desencarnados realmente necessitados. Quanto menos conhecermos o mundo espiritual que nos cerca, tanto melhor para os Espíritos voltados para o mal. Permanecem encobertos e trabalhando mais livremente junto aos encarnados. Não tem nada a ver com a sua pessoa, Raquel!

– Tenho minhas dúvidas! Talvez, se fosse Luíza a médium, o senhor permitisse que a comunicação se prolongasse por mais tempo!

– Você está julgando mal, Raquel. Dar mais tempo para esse Espírito continuar mentindo para todos seria como incentivá-lo a continuar suas investidas contra o grupo. Não tem nada a ver com você! Qualquer um de nós está exposto ao assédio desse tipo de entidade quando se é médium.

– Gostaria que esse Espírito retornasse por meio da mediunidade de Luíza para ver se o comportamento do senhor seria o mesmo, senhor Mário. Luíza parece mais confiável para o grupo – tornou a colocar, aumentando o constrangimento de todos.

– Raquel! Volto dizer! Não tem nada a ver com a sua pessoa, minha amiga. Desta vez, a investida foi por meio da sua mediunidade como poderia ser através de qualquer outro dos médiuns presentes! Volto a frisar que interrompi a comunicação para não continuar dando tempo a um Espírito que desejava enganar nosso grupo. Só isso!

Distante do *Recanto de Luz*, Reobaldo exultava com o resultado da interferência na comunicação mediúnica, através de um dos seus comandados:

– Observaram como detonamos a *bomba* do melindre dentro do grupo, meus soldados?! É preciso muita astúcia para vencer os *vaga-lumes*. Essa orgulhosa Raquel está nos oferecendo um prato cheio de possibilidades para removê-la desse grupo intrometido, que se acha no direito de invadir nosso mundo! Vamos aproveitar a brecha mental que ela escancarou para nós e acabar de vez com essa *trabalhadora* cujo melindre nos dá a vitória.

– *Chefe*...? Nosso companheiro não voltou! Será que ele ficou preso lá com eles, do mesmo jeito que aquele outro, quando realizamos o ataque àquela Casa?

– Não se preocupem! Se tomaram uma *peça* minha, eu tomarei uma deles, como num jogo de xadrez! Aliás, o tal Eduardo, nestas horas, já deve estar nos braços de Sílvia. Alfredo, o apreciador de um bom vinho, também está prestes a capitular. Não perdem por esperar! Vamos estimular um simples telefonema para que isso aconteça.

– Como assim, *Chefe*?! Com um telefonema?

– Sim. Vamos sugerir um telefonema de Raquel, que está desequilibrada pela conversa com o tal de Mário e, portanto, dará ouvidos às nossas sugestões. Farei com que ela ligue para a sua grande *amiga* Luíza e descarregue sua bile nela. A pretexto de perguntar sobre a melhora da dor de cabeça da outra, ela aproveitará para dar uma grande notícia.

– Grande notícia, *Chefe*?! Mas qual seria essa novidade? – tornou a perguntar o subordinado.

– Não tentem entender. Apenas observem o que vou fazer e vejam se aprendem!

No interior do *Recanto de Luz*, Raquel levantou-se rispidamente da mesa onde os companheiros conversavam a respeito da comunicação ocorrida.

– Boa noite, senhores! Passem muito bem, principalmente com a minha ausência! Deixo o campo livre para Luíza.

– Raquel, minha amiga! – Mário disse em seguida, conciliador. – Por favor! Não tome nenhuma atitude impensada! Está entre amigos que trabalham em nome de Jesus! Você apenas está num momento de má interpretação da nossa conversa! Releve se dissemos ou fizemos alguma coisa que a tenha magoado, companheira! E peço que nos desculpe pelo mal-entendido. Vale lembrar a advertência de nosso Mentor Valêncio sobre o assédio que nossa Instituição está sofrendo por parte das trevas! Não nos tornemos instrumentos da discórdia em virtude de algum mal-entendido que pode ser perfeitamente esclarecido entre nós. Devemos nos unir no serviço em nome de Jesus!

– Se Valêncio sabe que estamos sob o ataque das trevas, deveria ter bloqueado o acesso desse Espírito que se comunicou por meu intermédio!

– Mas, Raquel, minha amiga! Quando sofremos a influência do mal, é a hora de exercitarmos nossas convicções nos ensinamentos que a Doutrina Espírita nos fornece. É na hora da prova que o aluno demonstra o que sabe, o que aprendeu das lições recebidas do professor! Se vivêssemos protegidos pelos nossos Mentores, que mérito teríamos em acertar? O irmão que tentou confundir-nos, na verdade, trabalhou em nome do bem. Permitiu que identificássemos as contradições que ele apresentou em seus argumentos! O Mentor Valêncio, com certeza, deve raciocinar de forma semelhante. Exatamente por isso não bloqueou o acesso desse desencarnado necessitado do socorro que a nossa Casa pode lhe proporcionar, minha amiga! Releve alguma inconveniência de nossa parte, e permaneçamos juntos no serviço com Jesus, Raquel.

– Passar bem todos vocês! – replicou com sinais de grande irritação, atitude essa que a colocava em sintonia ainda maior com Reobaldo, que aguardava a sua saída da Casa abençoada para voltar ao seu ataque contra essa servidora invigilante.

E, com passos firmes e decididos, deixou o *Recanto de Luz* para nunca mais voltar. Ela não via, mas estava em companhia espiritual de Reobaldo e seus comandados, que encontravam facilidade em acoplar-se com sua mente desequilibrada, envenenada pelo orgulho e pela vaidade.

– Amigos! Vamos orar pela nossa irmã e por nós mesmos, sujeitos que estamos aos mesmos equívocos que, por ora, estão vitimando Raquel – colocou humildemente o senhor Mário.

Aproveitando-se da ocasião que a trabalhadora transtornada permitia, o Espírito voltado ao mal começou as suas sugestões.

– Você fez muito bem, minha amiga! O seu trabalho não recebia a consideração que merecia junto a esses tolos. Encontrará lugar melhor, onde as suas qualidades receberão o devido valor. Agiu corretamente!

Raquel recebia aquelas sugestões com um sentimento de satisfação íntima de quem aprova a si mesma pela decisão tomada: "Não volto mais a essa Casa! Que fiquem com a queridinha da Luíza! Um dia, eles reconhecerão o meu devido valor!".

E Reobaldo, que invadia os pensamentos dela, alimentava esses sentimentos:

— Isso mesmo, *amiga*! Sua vitória está próxima, junto a um grupo que saiba valorizá-la!

Fez uma pausa e dirigiu-se a um dos Espíritos que estavam sob o seu comando:

— Vá até aquele sexólatra do Eduardo e verifique se já consumou sua queda junto àquela mulher.

Assim que recebeu a ordem, o encarregado partiu ao encalço do rapaz para trazer notícias de mais uma vítima do seu chefe, enquanto Reobaldo prosseguia junto à trabalhadora do *Recanto de Luz*, sugerindo-lhe novos desatinos.

Raquel chegou em casa impregnada pelas más vibrações desencadeadas por sua decisão, o que levou o inimigo invisível a voltar à carga:

— *Amiga*! Agora só falta dar um telefonema para aquela chata da Luíza e participar a ela a sua decisão! Faça isso! Ela precisa ficar sabendo por você mesma! Aproveite essa sua fortaleza interior e diga umas verdades a ela também. Hoje é o dia do seu sucesso!

E o desejo de ligar para Luíza nasceu em seus pensamentos. Aproximou-se do telefone, hesitou um pouco e recebeu nova carga de sugestões negativas:

– Não vacile, minha *amiga*! Ligue e diga umas *boas* para aquela que ofusca o seu real valor! Hoje é o seu dia de sucesso! Encerre a noite com esse telefonema para dormir completamente realizada!

E os dedos de Raquel discaram os números do telefone da outra.

– Alô? Boa noite. Quem está falando? – perguntou Luíza.

– Não reconheceu minha voz, Luíza? É a Raquel.

– Ah! Desculpe-me, amiga. É que essa dor de cabeça me deixou confusa, mas agora já estou melhorando. Diga-me: como foi a reunião hoje, no *Recanto de Luz*?

– Foi tão bem que estou deixando aquele lugar, Luíza!

– Deixando?! Como assim, Raquel? Não estou entendendo. Acho que ainda estou um pouco confusa.

– Não está, não! Você ouviu muito bem! Esta foi a última noite que participei dos trabalhos daquela Casa! Estou cansada de ver minha tarefa sem o valor que merece.

– Continuo sem entender, Raquel! Todos gostam muito de você por lá e consideram muito o seu trabalho, que é relevante para nossa causa espírita!

— Vou ser mais direta com você, Luíza! É nítida a preferência do senhor Mário pela sua mediunidade, mas, hoje, ele se atreveu demais ao interromper uma comunicação por meu intermédio! Se fosse você em meu lugar, isso não teria ocorrido!

— Raquel. Você está interpretando mal alguma coisa, minha amiga! Não sei por que está achando que eles preferem a minha mediunidade, já que sou uma médium de muitas limitações! Está havendo algum engano! Não quer dar um pulo até aqui em casa para conversarmos com mais calma?

— Não! Não quero, Luíza. Para mim, chega! O campo está livre para você. Espero que se sintam melhor com a minha ausência!

— Raquel! Por favor!

O ruído da ligação interrompida foi a resposta que Luíza recebeu.

Reobaldo exultava com a atitude da ex-companheira de Luíza na Casa Espírita.

Nisso, o comandado que enviara para obter notícias sobre o casal Eduardo e Sílvia retornou esbaforido:

— *Chefe! Chefe!*

– O que é que foi? Parece até que foi perseguido por um dos *vaga-lumes*! – disse, gargalhando.

– Más notícias, *Chefe*!

– Fale logo! O que pode ter dado de errado junto àqueles dois que deixei apaixonados um pelo outro no interior do escritório?

– Não sei, *Chefe*. O que sei é que ele está na casa dele junto à esposa e às filhas, e ela, a moça, está na casa dela, profundamente irritada e frustrada em seus propósitos!

– Malditos *vaga-lumes*! Só pode ter sido interferência deles! Mas, se pensam que vou desistir assim tão fácil, eles não sabem com quem estão lidando! Derrubei essa fracote da Raquel e vou acabar com quem precisar!

Remoendo-se de ódio com a notícia sobre o casal, que ele contava como certo terem se envolvido de maneira mais grave, Reobaldo ordenou aos seus comandados:

– Vamos ao encalço do tal de Alfredo! A noite está propícia a um bom vinho! Vou dar o troco nos *vaga-lumes* por meio dele!

E partiu destilando fúria em direção à residência de Alfredo, que havia acabado de chegar e estava ainda abatido com o ocorrido na reunião da noite com a companheira Raquel.

Capítulo 13

NA CASA DE

Alfredo

ALFREDO, ABORRECIDO COM A MÁ INTERPRETAÇÃO DE Raquel sobre o ocorrido na comunicação pela mediunidade dela, deixou-se sentar em uma poltrona. Lamentava o ocorrido e a decisão da companheira de abandonar o *Recanto de Luz*.

"Realmente, os alertas constantes de Valêncio sobre o ataque das trevas contra a Casa iam se revelando pouco a pouco. As preocupações que Eduardo lhe revelara e, agora, a atitude de Raquel sem nenhuma razão, como se uma força externa a impelisse àquela decisão precipitada. Antes viviam em paz e conviviam em harmonia e entrosamento nos trabalhos. De repente, pressões antes não existentes pareciam realmente pretender abalar os alicerce do *Recanto de Luz*!" – pensava na sala, onde se encontrava mergulhado na penumbra da noite, já que não acendera nenhuma luz.

De onde estava, contemplou o local onde guardava uma ou outra garrafa de vinho de qualidade, que apreciava também como uma bebida de relaxamento de tensões como a que estava a ocorrer naquele momento. Estava vigilante, mas não via mal algum em desfrutar de um cálice daquele bom vinho que adquirira. Apenas um! O que ele não sabia é que estava acompanhado em pensamento.

— Isso mesmo, *bom* trabalhador! Você, que se dedica com afinco aos trabalhos naquele local, atendendo sofredores, tem o direito de tomar um cálice desse belo vinho!

Era Reobaldo, movido pelo ódio com a notícia sobre Eduardo somada ao fato de terem aprisionado, na interpretação dele, o seu servidor que havia mistificado a comunicação no Centro Espírita, minutos antes.

— Apenas um, *amigo* Alfredo! Que mal fará se você está se preparando para o repouso da noite?! O dia foi cansativo no trabalho! Depois, a companheira exaltada que abandonara o serviço em favor dos semelhantes! Estava na hora apropriada para um bom cálice daquele vinho! Apenas um! — insistia mentalmente o Espírito, através da abertura mental que

Alfredo propiciava com a decepção ocasionada por Raquel.

Apesar dos alertas frequentes de Valêncio, Alfredo recebia essas más sugestões como se fossem de sua própria autoria, como se passa com a maioria dos encarnados exatamente por ignorarem a influência que os desencarnados exercem em sua vida. Quanto mais descremos, tanto melhor para eles interferirem em nosso dia a dia. Alfredo não desconhecia tal realidade, mas havia nele mesmo o desejo pelo vinho de boa qualidade. Era a tentação ainda não vencida que facilitava a ação do Espírito obsessor. Os Espíritos que procuram nos induzir ao mal não colocam o desequilíbrio em nosso interior. Eles se valem daquilo que já temos dentro de nós, como acontecia com o trabalhador do *Recanto de Luz*, naquele momento, sob o assédio de Reobaldo.

Entretanto, se o mal age, o bem não fica paralisado. Valêncio, presente ao local, enviava as suas sugestões ao amigo, sob o ataque das trevas.

– Alfredo, meu irmão. Aplique os ensinamentos da Doutrina Espírita à sua vida. Sempre a palavra final do que fazemos, de nossas escolhas, está entregue ao nosso livre-arbítrio. O prazer de um cálice de vinho é fugaz, meu amigo. A opção por uma vida de equilíbrio traz-nos a paz perene, semelhante à calmaria após forte tempestade. A carne nos oferece a recompensa imediata, mas extremamente rápida, e costuma cobrar muito caro pelas consequências de atendermos aos seus apelos. Não ingira o primeiro cálice, como está pensando, porque ele pode ser o início de vários outros. É a abertura que os Espíritos que nos desejam o mal aguardam para nos empurrar às quedas que vão exigir muita luta em sua restauração. Lembre-se do trabalho abençoado que temos a serviço de Jesus. Não vá até a garrafa tentadora, Alfredo.

– Vamos lá, meu *amigo*! Que mal fará apenas um inocente cálice e, depois, o sono reparador a que tem todo o direito? – continuava Reobaldo, que não percebia a presença de Valêncio, pela diferença vibratória entre eles.

Alfredo levantou-se, hesitante. Passou uma das mãos pela cabeça como para clarear seus pensamentos, que entrechocavam-se pelas sugestões opostas que recebia. Estava confuso sem se aperceber dos reais motivos para tal situação. Tomou a tentadora garrafa nas mãos e a alisou como se fosse um bem valioso. Não resistiu. Apanhou um abridor de garrafas e removeu a rolha que tampava o gargalo do bem trabalhado vasilhame. Leu o rótulo para saborear com mais apuro o líquido tentador. Verificou o tipo de uva utilizada na composição daquele vinho. Identificou a região do país produtor. Tudo como se fosse um ritual de um conhecedor profundo da bebida.

"Vamos precisar de uma ajuda urgente para Alfredo! Ele está cedendo à tentação de saborear o vinho e não irá se deter apenas em um cálice" – pensava Valêncio.

O Mentor deslocou-se rapidamente, e, antes que o primeiro gole fosse levado até a boca, o filho adolescente dele entrou na sala, chegando de um encontro com a turma.

– Oi, pai! Ainda não foi dormir?!

E, observando o genitor com a garrafa e o cálice nas mãos, comentou:

– Ah! Já entendi! Primeiro um bom vinho, não é?

– Vou tomar apenas um cálice. O dia foi muito complicado hoje! – colocou Alfredo, acanhado com a presença do filho e do cálice em suas mãos de pai.

– Faz muito bem, pai! Um cálice só é muito pouco! Vou ajudar o senhor, e juntos tomaremos essa bela garrafa de vinho importado – disse o rapaz enquanto buscava um cálice para ele.

– Isso mesmo, meu rapaz! Ajude o velho pai a deixar seu vacilo de lado e tome com ele dessa bebida espetacular! – insuflava Reobaldo na mente do filho de Alfredo, valendo-se do empolgamento da juventude e da invigilância do moço.

Valêncio aproveitou a oportunidade:

– Alfredo, meu irmão. Veja o exemplo que vai dar ao seu filho, que é uma criatura de Deus entregue à sua responsabilidade, bebendo com ele dentro do seu próprio lar! Se Jesus estivesse presente neste ambiente, você acha que Ele ficaria feliz presenciando o seu exemplo como pai, Alfredo? Lembro novamente que a decisão final de nossos atos é de inteira responsabilidade nossa! Escolha de acordo com aquilo que aprendeu com a nossa abençoada Doutrina no *Recanto de Luz* e torne-se um exemplo bom para seu filho, meu irmão! Deixe para ele uma lição da qual nunca irá se esquecer e pela qual bendirá o fato de tê-lo como pai!

Alfredo ficou como que paralisado diante do filho, com a garrafa de vinho nas mãos. Pensamentos incontáveis passavam celeremente pela sua mente como se um filme estivesse sendo projetado em altíssima velocidade diante de seus olhos. Percebendo a hesitação do pai, o moço insistiu:

– E então, pai? Em que está pensando? Parece que ficou fora de si com a minha proposta! Vamos! Sirva logo dessa garrafa para podermos saborear juntos esse vinho, que deve ser uma delícia!

Alfredo como que voltou a si e, colocando uma das mãos no ombro do filho e segurando a garrafa com a outra, disse decidido:

– Primeiro vamos servir este vinho capitoso ao nosso melhor amigo, meu rapaz!

– Melhor amigo?! Não tem mais ninguém nesta sala! Tá ficando maluco?!

Alfredo não respondeu, mas, colocando uma das mãos no ombro do moço, conduziu-o até a pia da cozinha e, diante dos olhos espantados do jovem, entornou, sem vacilo, o vinho caro no ralo.

– Mas, pai?! Enlouqueceu?! Jogar na pia um vinho caro desses?! Esse é o melhor *amigo* a quem você se referia?

– Sim, meu filho! O ralo da pia é o nosso melhor amigo quando estamos diante de uma bebida alcoólica. Sirvamos à vontade a esse *amigo*, que dará destino certo ao vinho. Aqui ele não fará mal a ninguém. Principalmente a nós mesmos!

– Mas, pai?!...

– Filho. No Evangelho, encontramos o relato de Jesus transformando água em vinho nas bodas de Caná, socorrendo aos pais dos noivos. Mas, em nenhum momento, está descrito que Ele usufruiu desse mesmo vinho. Na última ceia, orienta os Apóstolos, que festejavam a Páscoa dos judeus, a se lembrarem Dele através do vinho e do pedaço de pão. Mas, da mesma forma, não se encontra relato de Jesus ter ingerido a bebida.

– Pai! Eu acho que esse tal de Espiritismo tá tirando o senhor do sério. É melhor se afastar desse *negócio*, pai!

– A Doutrina dos Espíritos não é um *negócio*, meu filho. É o reviver dos ensinamentos de Jesus em toda a sua pureza, sem as deturpações que os homens introduziram neles para tirar proveitos variados de acordo com as regras do mundo.

– Sabe, pai? Vou cair na cama, porque o senhor não tá bom da cabeça, não.

– Se orientar a um filho a não beber é não estar bem da cabeça como você acha, espero que um dia você também sofra da cabeça quando um filho seu lhe pedir alguma bebida alcoólica para beber! Durma em paz, meu filho. Eu farei o mesmo, de consciência tranquila por ter escolhido, como nosso melhor *amigo*, o ralo da pia de nossa cozinha...

Enquanto Reobaldo debatia-se em blasfêmias e maldições, Valêncio sorria com mais aquela vitória do bem.

"Pensam que venceram a guerra?! Pois não perdem por esperar! Os *vaga-lumes* têm muitos seguidores, e continuaremos as nossas *visitas* a muitos deles! Encontraremos a oportunidade para influenciá-los nos seus momentos de vacilo, que não são poucos" – ruminava consigo mesmo o comandante das regiões inferiores.

– Qual era o nome daquela mulher que o marido não gostava que frequentasse aquela Casa? – Reobaldo perguntou, irritado, aos seus comandados, encarregados de procurar brechas mentais nos trabalhadores do *Recanto de Luz*.

– Ângela, *Chefe* – respondeu assustado um dos servidores, percebendo a ira que invadia seu comandante diante da decisão de Alfredo de jogar o vinho na pia da cozinha.

– Ângela! Pois é, meus soldados. Iremos fazer uma visita à casa dela!

– Mas...? – ousou exclamar o mesmo servidor de Reobaldo, temeroso pela reação do seu chefe.

– O que é?! Alguma ideia melhor?

– Não, senhor! É que os *vaga-lumes* estarão defendendo essa mulher, já que ela faz parte dos que trabalham naquela Casa.

– Mas e o irritado marido, com as idas da esposa até lá, eles também protegem?!

— Não, *Chefe*. Ele nem acredita neles!

Reobaldo sorriu satisfeito.

— Eu disse que iríamos até a casa deles, mas não com quem *conversaríamos*! Se ela está protegida pelos *vaga-lumes*, o marido poderá estar ao nosso lado! Principalmente se estivermos ao lado dele!

— Como assim, *Chefe*, ao lado dele?!

— Quanta burrice! Veja bem: ele não gosta que a mulher vá até aquela *Casa*, não é? Pois, então! Vamos apoiá-lo para que isso não aconteça mais!

— E apoiar como, *Chefe*?

— É só a sua burrice esperar, para aprender comigo! Quero saber, de quem visitou essa tal de Ângela e o marido, quais os pontos fracos que apresentam.

— Ela praticamente nenhum, *Chefe*. Esposa fiel; dona de casa competente; mãe amorosa; esposa dedicada ao marido; trabalha muito naquela Casa para ajudar os outros, coordenando várias equipes por lá. O único *defeito* dela é seguir os *vaga-lumes* – explicou o Espírito encarregado de vigiar dona Ângela e o lar dela.

Realmente, Ângela era uma grande trabalhadora no *Recanto de Luz*. Coordenava, como informara o Espírito, várias equipes de trabalho em diversos serviços de beneficência aos necessitados acudidos por aquele Centro Espírita. Reobaldo calculava certo: se conseguisse atingi-la, desequilibraria um importante alicerce entre aqueles servidores. Prosseguiu o perseguidor:

– E o marido é tão *perfeito* também? – perguntou com ironia. – Ou será que temos alguma informação que poderá nos ajudar a desequilibrar as coisas naquele lar?

– Acompanhamos o marido dela durante alguns dias conforme o senhor ordenou, *Chefe*. Ele gosta de tomar um aperitivo no bar antes de voltar a casa para jantar – tornou a responder o comandado.

– Hum! Muito interessante! E ele bebe quanto?

– Um aperitivo ou dois, *Chefe* – foi a resposta.

– Pois vamos acompanhá-lo amanhã à noite, depois do trabalho, para entusiasmá-lo a ser mais *generoso* consigo mesmo! Afinal, quem trabalha duro o dia inteiro merece uma recompensa maior no final do dia, antes do jantar! – falou, sorrindo malevolamente.

Se assim pensou, assim realizou Reobaldo. No início da noite do dia seguinte, lá estava ele à espera do marido de Ângela, ao sair do seu trabalho diário. Como tinha por hábito, dirigiu-se a um pequeno estabelecimento comercial para tomar o tão *saboroso* e aguardado aperitivo. Rubens não tinha religião nenhuma, o que não era o pior. O pior era não acreditar na vida espiritual. Para ele, a jornada terrestre, tão curta e cheia de contradições e aparentes injustiças da vida, era uma mera obra do acaso. Alguns nasciam para se dar bem e outros para os fracassos e reveses da existência. Em resumo, ele representava uma excelente oportunidade para as sugestões do mal. Se nada existia além dessa vida material, muito menos acreditava em existência de Espíritos e na possibilidade da influência deles no ser humano, Espírito reencarnado. Quanto menos se acredita na possibilidade de um ladrão invadir e roubar uma residência, menos cuidados se toma para que isso seja evitado. Rubens estava nessa situação. Reobaldo fez uma rápida análise desses sentimentos e sentiu-se vitorioso por antecipação. "Daria o troco nos *vaga-lumes* pelo fracasso do romance entre Eduardo e Sílvia. Da mesma forma, revidaria o fracasso diante de Alfredo e do filho, que pedira ao pai para acompanhá-lo no vinho capitoso" – eram os pensamentos que percorriam rapidamente seu cérebro enquanto se avizinhava da vítima que nada percebeu, absorvida que estava na ideia do aperitivo gelado naquela tarde-noite de um verão muito quente. "Com Rubens, obteria o mesmo sucesso, como conseguira em relação ao caso de Raquel e Luíza" – continuava a pensar o obsessor.

Rubens entrou no estabelecimento, dirigiu-se ao balcão e foi atendido pelo garçom costumeiro.

– Olá, senhor Rubens! O mesmo de sempre?

– O mesmo. Hoje está tremendamente quente! Nada melhor do que dar uma refrescada na garganta, meu amigo!

– Rubens, *companheiro*! Você trabalhou duro o dia inteiro! Merece alguma dose a mais nesta noite de intenso calor! Um aperitivo a mais por conta do seu cansaço lhe fará bem! Vai se alimentar bem e dormir melhor ainda para estar renovado, pela manhã, para mais um dia de trabalho! – insinuava-se, no pensamento do marido de Ângela, a figura de Reobaldo, sempre tendo a plateia daqueles Espíritos, a quem considerava seus aprendizes.

Rubens estava aberto àquelas sugestões mentais e, enquanto terminava o primeiro aperitivo e pedia pelo segundo, pensava satisfeito na possibilidade do terceiro.

– Vamos, meu amigo! Não pense muito! Você merece! É um homem trabalhador! Sua esposa Ângela não frequenta aquele *lugar* sem que você goste disso? Pois então! Você tem o direito de fazer aquilo que gosta, como ela faz! Vamos! Peça pelo terceiro e depois vá para casa alimentar-se e entrar na posse do justo repouso – continuava sugerindo a entidade desejosa de promover a discórdia e agredir os, chamados por ele, *vaga-lumes*.

Como os apelos à satisfação dos prazeres imediatos do mundo são muito intensos pela recompensa rápida que trazem, Rubens capitulou e pediu pelo terceiro e saboroso aperitivo, sem se aperceber de que estava sob a forte influência da entidade desencarnada. Do terceiro aperitivo para o quarto, a dificuldade foi pequena, o que levava Reobaldo a uma alegria muito grande. Seu trabalho seria muito fácil para estabelecer a desarmonia no lar de sua vítima.

Cada vez mais forte ficava a ligação mental entre os dois, o que permitiu que Reobaldo seguisse a sua vítima até as cercanias de seu lar e de Ângela. Não conseguiu adentrar o ambiente doméstico devido às vibrações positivas desta última, pelos trabalhos no bem a que se dedicava no *Recanto de Luz*. Porém, a sintonia mente a mente permaneceu estabelecida, favorecida que foi pela ingestão da bebida alcoólica, além do costumeiro, por parte do encarnado.

– Olá, meu bem. Cansado do trabalho? – indagou, carinhosamente, a esposa, sem se aperceber de que o marido estava de ânimo exaltado pela bebida além da conta.

– Estou cansado de trabalhar muito e ganhar a mesma porcaria no fim do mês! Você bem que podia pedir aos seus amigos, lá daquele lugar onde as almas do outro mundo baixam, pra prosear com vocês os números da loteria. Desse modo, tudo ficaria melhor para nós!

Foi, então, que, pela resposta ríspida do marido, Ângela desconfiou que alguma coisa não estava certa com ele. Não costumava ser carinhoso, mas também não chegava a ser grosseiro como estava sendo. Ficou em silêncio e fez uma prece mental, solicitando o socorro dos amigos espirituais.

Reobaldo apressou os acontecimentos, percebendo que ela pedia aos *vaga-lumes* a intromissão deles, como interpretava através da atitude dela.

– Você hoje não vai àquele lugar! – colocou rispidamente Rubens para a esposa.

– Calma, meu bem! Você está cansado após um dia de trabalho. Quando vou ao *Recanto de Luz*, é para o nosso bem! Servindo aqueles que precisam mais, angariamos créditos perante Deus para os nossos momentos de dificuldades – argumentou ela já sob a influência de Valêncio, que prontamente respondeu ao seu apelo mental.

– Ora, cale-se! Já estou farto de ouvir essas lorotas! Nossa situação não mudou nada para melhor! Continuo tendo de trabalhar duro para termos algumas coisas! O que veio daquele lugar para melhorar a nossa vida? – tornou com violência, sob a influência de Reobaldo.

– Meu querido! As coisas materiais nós conquistamos com o nosso esforço. Os valores da alma, que o dinheiro não compra, nos vêm quando praticamos o bem. É isso que fazemos no *Recanto de Luz*.

– Você deveria ter sido padre com essa conversinha mole! Pode enganar aos trouxas, mas não a mim! Hoje você não vai nesse lugar aí, e ponto final!

Ângela percebeu, nessa altura do diálogo, o cheiro de bebida alcoólica que o marido exalava e deduziu que estava, com toda a certeza, *mal acompanhado*, e que não seria prudente prosseguir na conversa.

– Está bem, Rubens. Não precisa ficar nervoso! Se você prefere assim, não irei ao Centro hoje – colocou a esposa, inspirada pelo Mentor, a fim de não alimentar a discussão, que poderia resultar em mais problemas.

Ângela estava de coração contrito pela sua ausência antecipada às tarefas que assumira naquela Casa abençoada. Entretanto, seguia a orientação da própria Doutrina Espírita, que a ensinara que as obrigações primeiras são junto daqueles a quem a Providência Divina nos colocou. "O marido, por motivo que desconhecia, havia bebido além do normal naquela noite e tinha aberto campo para entidades desejosas de promoverem a desarmonia do lar. Cabia-lhe, como espírita, compreender mais e renunciar para que a paz não se ausentasse do ambiente da sua casa" – raciocinava corretamente ela.

Valêncio a intuía para que tudo fizesse a fim de manter a calma. Novos dias surgiriam em que ela poderia reassumir suas tarefas no *Recanto de Luz*. Passou o Mentor a alimentar, na memória de Ângela, a passagem de Joanna de Cusa, a quem Jesus recomendou que permanecesse ao lado do marido devasso quando ela Lhe manifestou a intenção de segui-Lo, abandonando o cônjuge ingrato e infiel. Ângela era quem tinha maior conhecimento da vida espiritual, portanto cabia a ela compreender, perdoar e renunciar, sendo essa a melhor opção para o momento delicado do diálogo com o marido.

Reobaldo, que não era capaz de entender os objetivos mais elevados dos pensamentos de Valêncio, exultava com o fato de Ângela ter renunciado às tarefas da noite, junto aos *vaga-lumes*.

"Mais uma vitória!" – comemorava ele.

Capítulo 14

O Telefonema

– Alô? Senhor Mário?

– Sim. Olá! Bom dia, minha amiga!

– É a Ângela. Estou ligando para justificar que não poderei ir ao Centro hoje porque Rubens chegou muito exaltado do trabalho e implicando com a minha ida até o *Recanto de Luz*. Peço que me desculpe. O senhor sabe como é...

– Fique em paz, companheira. Valêncio tem nos avisado com frequência que nosso local de trabalho espiritual encontra-se sob o ataque de entidades das trevas que se sentem incomodadas com nosso discreto trabalho. Com certeza, o Rubens deu condições para se transformar em instrumento desses irmãos menos esclarecidos.

– O senhor tem razão, seu Rubens. Senti um odor muito forte de álcool quando conversava com ele.

– Pois, então! Tudo está esclarecido. Sua ausência será sentida, mas entendo perfeitamente a situação. Aliás, está de acordo com aquilo que nos recomenda a Doutrina Espírita: nosso compromisso maior é sempre junto àqueles mais próximos aos quais a Providência Divina nos colocou. Agiu com acerto em não desafiar seu marido que, provavelmente, era o que as trevas gostariam que acontecesse para perturbar seu lar e você, mais profundamente. Oraremos por você e pelo Rubens, e tudo retornará à tranquilidade. Confiemos em Jesus, minha amiga. Tenho a certeza de que retornará, em breve, ao nosso convívio e ao seu importante trabalho.

Ângela agradeceu a compreensão do senhor Mário e pôde ficar mais tranquila para contornar o problema transitório junto ao marido.

À noite, no *Recanto de Luz*, Mário dava explicação, pela ausência da companheira Ângela, aos demais componentes do grupo, aproveitando para enfatizar o perigo que rondava a todos daquela Casa abençoada de serviço em nome de Jesus.

– Confirmando o alerta de nosso Mentor Valêncio de que estamos sob os ataques de Espíritos poucos esclarecidos que visam atrapalhar nosso trabalho, Ângela justificou sua ausência, na noite de hoje, por problemas ocorridos em seu lar, onde o marido a proibiu de vir à nossa Casa. Oraremos em favor deles para que a paz não se ausente da casa dela. Alguns companheiros do grupo têm enfrentado acontecimentos não costumeiros em suas vidas, no atual momento. Isso não é motivo de desânimo, mas um alerta e uma prova de que realmente estamos sob a mira dessas entidades inferiores. Cabe-nos ter paciência e confiar que os tempos difíceis passarão rapidamente, e que a vitória dos propósitos de Jesus triunfará como sempre. Vamos, então, dando continuidade, confiantes em nossos trabalhos, preparando-nos para a sessão mediúnica da noite, pedindo aos Espíritos amigos que nos auxiliem para que possamos ser úteis aos desencarnados mais necessitados.

Aguardou que todos acalmassem os pensamentos e iniciou as palavras em que reivindicava a oportunidade de serem úteis mais uma vez:

– Senhor Jesus! Amigos espirituais que bondosamente relevam nossas imperfeições e nos proporcionam a oportunidade deste trabalho, aqui estamos mais uma vez, mesmo com as dificuldades que têm acometido alguns companheiros, rogando a oportunidade de servir em nome de Jesus. Pedimos pelos desencarnados desejosos de nos levarem ao desânimo, para que possam ser amparados pela Misericórdia da Providência Divina. Fortaleça em nós a disposição para o serviço em nome do senhor Jesus, para que possamos ser dignos de servirmos em nome Dele.

Em seguida, todos elevaram a Deus, mentalmente, a oração do Pai Nosso.

Não tardou para que Afrânio, o Espírito libertado das garras de Reobaldo, se manifestasse através de um dos médiuns:

– Trouxeram-me outra vez a este local.

Mário, sob a inspiração de Valêncio, dirigiu-se a ele:

– Irmão Afrânio, seja bem-vindo como sempre. O trabalho é uma Lei Divina. E, para falarmos sobre ele, você está aqui entre nós. Se Deus trabalha sem cessar, como nos ensinou Jesus, não nos é dado o direito de ficarmos como enxadas atiradas à ferrugem por falta de obras.

– Não estou entendendo! Trabalhar em quê? Onde? Como? Não estou em outra dimensão, em outra realidade?

– Meu irmão! O corpo é um mero instrumento. Quem se dispõe ao trabalho é o Espírito imortal, quer esteja encarnado ou desencarnado! Mas não se preocupe com isso, meu amigo. Quando nos dispomos a trabalhar em favor de nós mesmos, na posse ou na ausência do corpo físico, servindo a quem mais precisa, a Providência Divina nos providencia as condições necessárias. Não há desemprego sob a visão espiritual da vida que nunca cessa.

– Continuo a não entender!

– Você tem sido esclarecido, tanto em nosso meio, nas vezes em que aqui compareceu, e também entre os amigos desencarnados, que todos precisamos retornar à escola da Terra. Nesse abençoado educandário de almas, aprendemos trabalhando. Reparamos nossos erros, trabalhando. Temos a oportunidade de sermos os representantes do bem, trabalhando. Sermos filhos dignos de Deus, trabalhando. Sermos fiéis discípulos de Jesus, trabalhando. Tudo trabalha na Natureza! Já pensou se o Sol tirasse férias?! Já imaginou se a chuva desistisse de se derramar sobre o solo?! Já imaginou se as flores desistissem de florir?! Os pássaros de cantar?! Se Deus e Jesus fizessem uma pausa no trabalho em nosso amparo, o que seria de nós, meu irmão? Não pensa assim?

– Não é fácil de entender, mas, se estão dizendo que é assim, só posso acreditar, depois que me recolheram entre vocês, livrando-me do ataque daquele ser horrível que me torturava! Trabalhar para aprender até que, com algum esforço, eu entendo, mas ter que reparar o que fiz de errado não consigo entender, já que não me lembro de nada nesse sentido! O que fiz de errado?!

— Volto a esclarecer que todos nós cometemos deslizes diante das Leis maiores da Vida. Por enquanto, quais foram esses erros não importa. Não é nenhuma desonra errarmos, já que não somos ainda perfeitos. A desonra está em não aceitar a oportunidade de reparação que nos é ofertada pela Providência Divina. A recusa é um ato de rebeldia promovida pelo orgulho, que nos leva a colecionar mais erros. Em relação ao ser que você classifica como horrível, é bom não esquecer que ele também é filho de Deus, Afrânio. Apenas está em um momento de extrema revolta que o impede de enxergar a beleza da Vida. Para ele, devemos dirigir nossos pensamentos de paz e não de críticas ou de revolta. Desconhecemos os problemas íntimos que o levaram a esse estado de agressividade, mas Deus e Jesus também o querem de volta ao rebanho do Divino Pastor.

— Por favor! Se ele vier a este local, eu fujo!

— Precisamos ser misericordiosos para receber misericórdia quando também errarmos, meu irmão. Mas vamos falar de você. É preciso que retorne novamente, com um novo corpo, à escola da Terra, como já foi explicado em outras ocasiões, tanto em nossa Casa como entre os amigos desencarnados.

– Nunca tinha ouvido falar sobre isso! Pensava que, após a morte, iríamos para o Céu ou para o inferno como ensinam as religiões!

– Também já foi esclarecido para você que não seremos lançados a uma situação definitiva depois da morte física, pois a Misericórdia de Deus nos oferece o retorno aos locais de nossos desacertos para repararmos o que um dia fizemos de errado. Você há de convir que isso é imensamente melhor do que um julgamento definitivo de nossa vida, já que somos ainda muito falíveis e não poderíamos ser contemplados com local de paz e felicidade após deixarmos nosso velho corpo físico.

– Não é fácil de entender!

– Tomemos um exemplo das escolas aqui da Terra. Não é melhor dar muitas oportunidades a um aluno do que reprová-lo com base em um único exame? Da mesma forma, age a Providência Divina. Ao invés de nos reprovar com base em uma única existência, proporciona-nos novas voltas junto às pessoas e às situações que irão nos dar a chance de acertarmos e nos redimirmos perante a própria consciência.

– Quer dizer, então, que fiz muitas coisas erradas, e por isso tenho de voltar?

– Não só você, meu amigo. Todos nós fizemos e fazemos enquanto não atingirmos a perfeição. O importante não é olhar para trás à procura do que foi feito de errado, mas contemplar as novas oportunidades de acerto e abraçá-las de boa vontade. Está disposto a isso?

– E vocês me ajudarão?

– Jesus a todos nos ampara para que possamos prosseguir em nossa caminhada, meu irmão. Apenas trabalhamos em nome Dele, distribuindo os recursos que nos vêm de sua bondade. Pode, portanto, contar com Ele e com tudo aquilo que nos for permitido estender até você por meio de nosso trabalho, como este que o socorre hoje.

– Que Deus tenha misericórdia de mim! – colocou, sincero e humilde, Afrânio.

– A sua presença entre nós já é uma prova disso, meu irmão. Vá em paz com os amigos espirituais que irão encaminhá-lo para os preparativos ao retorno.

Assim que Afrânio se retirou, Valêncio manifestou-se através de uma das mediunidades:

– Meus irmãos. Que a força e a paz de Jesus possam sempre estar presentes em nossas decisões.

Afrânio será encaminhado ao departamento apropriado, que providenciará o estudo detalhado do seu retorno a uma nova experiência na carne, renascendo no local mais adequado para seus compromissos futuros e amparado em um lar onde contará com pais certos para alcançar tal objetivo.

Fez uma pausa, durante a qual os trabalhadores encarnados permaneceram em atitude respeitosa, e reiniciou:

– Nosso irmão Reobaldo, entretanto, continuará a sua perseguição contra a nossa Casa, onde servimos em nome de Jesus. É necessário cautela e muito amor para termos a compreensão necessária que a sua revolta está a exigir.

– Se o irmão me permite – colocou Mário –, poderíamos ter algum esclarecimento sobre as razões pelas quais ele se voltou contra nós? Não por simples curiosidade, mas para nos fortalecermos em nosso desejo de auxiliá-lo.

– Como bem sabemos, Mário, aquele que hoje se apresenta como algoz, em algum tempo, foi vítima de alguma situação em que foi prejudicado. Como a Doutrina Espírita nos ensina, ligamo-nos pelos laços do amor ou do ódio. Reobaldo deve ter os seus motivos para focar-se contra a nossa Casa e, mais precisamente, contra o nosso irmão Afrânio.

— Devo entender que talvez tenhamos ajudado a algum Espírito que o prejudicou em existências anteriores, e que este Espírito poderia ser Afrânio?

— Essa é uma das hipóteses. Outra que podemos considerar é que entre os componentes do grupo tenha, da mesma forma, desafetos de outras épocas. As Leis são soberanamente justas. Se as compreendêssemos em toda a sua grandeza, não tomaríamos a iniciativa de exercitarmos a justiça com as próprias mãos, já que a cada um será dado rigorosamente segundo as suas obras. O importante, porém, é trabalharmos em favor do bem para que o mal e o ódio sejam banidos dos corações de todos.

— Onde colocaram o prisioneiro que me roubaram, seus atrevidos, metidos a santo? — vociferou Reobaldo, valendo-se de uma das mediunidades do grupo do *Recanto de Luz*.

Valêncio, que já tinha ciência da presença dele, desligou-se da mediunidade e passou a intuir Mário na conversa com o Espírito revoltado e agressivo.

— Seja bem-vindo, meu irmão.

— Já disse em outras ocasiões que não sou seu irmão! Não sou covarde como vocês e muito menos metido a santo! Quero saber do meu prisioneiro!

— Aqui nos tratamos com respeito recíproco, no

trabalho em nome de nosso Mestre e Senhor Jesus. Por isso mesmo, desejamos a você muita paz.

– Ora! Não me venha com essa conversinha de padre! Não sei quem é o seu mestre, não me interessa saber, e não tente desviar o assunto!

– Como respeitamos a sua presença, não estou desviando o assunto, meu amigo. Apenas gostaria que nos tratasse com a mesma educação como o recebemos nesta Casa.

– Não sou nada de vocês! Nem irmão, nem amigo, nem nada! E, se não está desviando o assunto, responda onde esconderam meu prisioneiro!

– Se Deus nos criou como Espíritos imortais e livres, ninguém é prisioneiro de ninguém. Você deve estar fazendo confusão. Não escondemos, portanto, prisioneiro nenhum já que, em nosso entendimento, somente somos prisioneiros do ódio que alimentamos em nós.

– Ah! Não?! E onde está, então, aquele *traste* que trouxe comigo no ataque que realizei a este local?

– Novamente você está fazendo má interpretação do que somos. Deus é perfeito na Sua criação e dela não participa nenhum *traste* como você conceitua, porque estamos todos dirigidos para alcançarmos a perfeição.

— Está querendo enrolar a conversa por quê? Tentando ganhar tempo para algum ardil de vocês, bando de covardes?! Qual é a armadilha que o *santo* está querendo que eu caia com essa conversinha?

— Aqui não existe nenhum santo, meu amigo. Todos lutamos contra nossas imperfeições. Estamos muito longe da perfeição. Também não há nenhuma intenção de armarmos armadilha para quem quer que seja. Os que vêm a esta nossa Casa estão sempre livres para deixá-la no momento que quiserem. Apenas esclareço a você, definitivamente, que não temos prisioneiro nenhum em nosso poder, porque isso seria uma tentativa inútil perante nosso Criador.

— O que está querendo sugerir na sua fala mansa, representante dos *vaga-lumes*?

— Não entendi esse seu termo *vaga-lume*, mas estou querendo dizer, de maneira bastante direta, que ninguém aprisiona um ser criado por Deus, meu amigo.

— Está tentando me irritar com essa sua insistência de me chamar de *irmão* ou de *amigo*, mas não vai conseguir. Quanto ao seu deus, pouca importância dou a ele! Eu determino o que quero e consigo atingir meus objetivos. Se estou dizendo que tenho um prisioneiro é porque sou capaz de fazer justiça com as minhas próprias mãos!

– Pode não dar importância ao nosso Deus, mas Ele se interessa por você como por toda a obra da criação, meu irmão.

– Chega de conversa! Vai me dizer onde está meu prisioneiro, ou terei que ir buscá-lo à força?

– Não posso modificar minha resposta porque a verdade é essa que estou tentando lhe explicar: somos todos livres perante Deus. Apenas somos prisioneiros do ódio que permitimos invadir-nos e tornar-nos infelizes enquanto nele permanecermos, meu amigo.

– Você é repugnante com essas suas colocações de candidato a *santo*! Já que insiste em escondê-lo, eu o caçarei junto com os meus soldados e desafio a vocês conseguirem mantê-lo oculto por muito tempo! Vocês verão!

Dizendo isso, deixou a mediunidade. Valêncio retornou ao médium que o servia através da psicofonia:

– Podemos sentir como está desequilibrado e mergulhado em grande sofrimento esse nosso irmão. Fala em prisioneiro referindo-se a Afrânio e não se apercebe de que ele, sim, é quem está prisioneiro do ódio muito grande que permitiu invadir o seu ser. Oremos por ele e continuemos firmes em nosso objetivo de servir a Jesus pelo exercício do amor, que há de vencer todo o ódio que existir nos filhos de Deus.

– Irmão? Por que tanto ódio contra Afrânio? – indagou Mário, que dialogara com Reobaldo sob a inspiração de Valêncio.

– Continuemos trabalhando sem desânimo, irmão Mário. Na ocasião em que nossos amigos dos planos mais elevados julgarem adequada, seremos esclarecidos. Por hora, trabalhemos e sirvamos em nome do amor.

Capítulo 15

CONHECEREIS A

Verdade

Graças aos ensinamentos e ao auxílio dos amigos espirituais, Luíza pôde compreender a revolta sem justificativa da companheira Raquel, que havia interpretado mal a reação do senhor Mário na presença do Espírito mistificador que tentara levar confusão utilizando-se da mediunidade dela. Na verdade, Luíza não se ofendera com a atitude da amiga. Apenas lamentava profundamente que ela tivesse abandonado o *Recanto de Luz*, onde trabalhavam há muito tempo juntas. O que lhe restava a fazer era orar por Raquel, pedindo a Deus que ela retornasse ao ambiente de trabalho espiritual.

Alfredo continuava a sentir atração pelo vinho apetitoso, porém, agradecia muito à Providência Divina a inspiração do momento em que jogou, no ralo da pia, a bebida que o filho lhe pedia para experimentar. Interpretava como uma nova oportunidade para se conscientizar dos exemplos que pais espíritas deviam tomar junto aos filhos diante da responsabilidade que assumiram perante a própria consciência e a Deus.

Sílvia continuava uma moça de extrema beleza, Eduardo não negava. Entretanto, com os conhecimentos espíritas associados aos aconselhamentos dos amigos encarnados e desencarnados, entendera o socorro preciso, na presença dos filhos amados, quando se preparava para se dirigir com ela em direção a acontecimentos que iriam comprometê-los perante as Leis maiores da vida.

Da mesma forma, Ângela soubera compreender o marido, que, exalando hálito alcoólico, deveria estar sob a influência espiritual nociva de alguma entidade desejosa de semear a discórdia em seu lar. Agradecia profundamente aos ensinamentos da Doutrina Espírita e ao auxílio dos amigos espirituais que, de forma incansável, amparavam os trabalhadores de boa vontade.

Evidentemente que o assédio de Reobaldo contra o grupo, motivado pelo seu ódio, não arrefecera. Vivia buscando ocasiões propícias para conseguir o seu intento, principalmente convencido como estava de que haviam roubado dele o seu prisioneiro, Afrânio.

Enquanto isso, alertados pelos constantes avisos de Valêncio, os trabalhadores do *Recanto de Luz* continuavam sua luta contra as próprias imperfeições, que era a melhor arma contra esses ataques das trevas.

Como esclarece a Doutrina, os Espíritos obsessores se servem dos desequilíbrios que os encarnados oferecem aos seus propósitos. Muita gente acredita que a tentação e os desacertos vêm de fora para dentro. Vigiam o exterior e se esquecem do íntimo de cada um, onde se encontra os maiores aliados dos *inimigos* espirituais.

E foi nesse clima de muita luta e vigilância de cada um que, numa manhã de primavera, de céu azul e jardim com muitas flores, com seus desenhos coloridos e perfume agradável, que Vera, esposa de Eduardo, aproximou-se carinhosamente do marido.

– Reparou, Eduardo, como nosso jardim está todo florido?! Às vezes, buscamos a Deus em nossas mais profundas interrogações e filosofias e deixamos de vê-Lo nas coisas do dia a dia, como nas flores de nossa casa!

– Nossa! Como sua veia poética amanheceu

exaltada, meu amor! – brincou Eduardo, abraçando a esposa.

– Nós quatro gostamos muito desse seu aperto afetuoso, meu bem! – disse ela, de cabeça apoiada no peito dele.

– Você se revela uma bela poetisa, Vera. Veja a linda comparação que acabou de fazer sobre enxergar a Deus nas flores do nosso jardim. Mas, em matemática, foi reprovada pelo que acabou de dizer – falou, de maneira carinhosa, o marido.

– E posso saber em que eu errei?! – respondeu ela, com um sorriso matreiro nos lábios.

– Ora! Não acabou de dizer que vocês quatro gostam muito do meu abraço?

– Falei e confirmo! Nós quatro gostamos muito mesmo!

– Pois então! Está aí o erro! Você e as duas meninas são meus três amores, e não quatro.

– É verdade!

– Então concorda que errou na conta?

– Não. É que a minha conta é diferente da sua.

– Pronto! Quer dizer que a matemática, que é uma ciência exata, varia de pessoa para pessoa?!

– Não é isso, meu bem! Olha! Vamos fazer o seguinte: vou chamar as meninas até aqui.

— Mas, Vera!...

— Meninas! Venham dar um abraço no papai.

Imediatamente as duas crianças envolveram o pai e a mãe num carinhoso e amoroso abraço.

— Chamei vocês, meus amores, para ensinarmos o papai a fazer contas.

— Mas, mamãe, ele trabalha em um escritório e não sabe fazer contas?! – disse ingenuamente a mais velha das duas.

— Pois é, minha filha! E não é que ele não sabe?! Mas vamos ensiná-lo.

Eduardo sorria da argumentação e da surpresa das duas meninas.

— Olha, vamos contar. A mamãe e mais vocês duas, quantas somos?

— Três! – respondeu a menina mais velha, que já sabia fazer contas com maior rapidez.

— Ah! – disse Eduardo simulando um ar de vitória. – Não disse que eram só três, Vera?! Você é quem estava errada ao insistir que eram quatro as pessoas que gostavam do meu abraço!

— Minhas filhas, venham mais juntinho da mamãe e do papai. Vamos contar de novo. Eu mais vocês duas somos três, claro! Acontece – disse colocando as mãos das duas filhas sobre o ventre e, por sobre elas, a mão do marido – que tem mais gente vindo por aí!...

Eduardo entendeu logo o recado da esposa e esboçou um enorme sorriso de felicidade, mas permaneceu em silêncio para observar a reação das filhas.

– Como assim, mamãe? – perguntou a mais nova delas.

– Você não entendeu? – respondeu a mais velha. – Vamos ganhar um irmãozinho!

– Ou uma irmãzinha! – completou Vera, abraçando apertado as filhas e o marido.

– Que maravilha, meu bem! Mais um filho! – finalmente exteriorizou Eduardo toda a sua alegria. – Vejo que Deus confia em nós para entregar os seus filhos aos nossos cuidados, meu amor!

– Mas, papai! O nenê é filho de vocês e não de Deus – comentou ingenuamente a menina mais nova.

– Ele vai emprestá-lo para nós, meu amor! – disse sorrindo o pai. Vamos precisar muito da ajuda de vocês duas para criá-lo! Estão dispostas, *mamãezinhas*? – colocou carinhosamente, procurando eliminar, antecipadamente, o ciúme que pudesse surgir entre as meninas com relação ao novo membro da família.

– Sim! – gritaram em uníssono as duas.

– Sabe, Eduardo – comentou sussurrando a esposa –, que as meninas não me ouçam, mas sinto uma felicidade ainda maior com essa gravidez do que por ocasião da gestação de cada uma! Sou injusta como mãe, não é?

– Para nós, espíritas, esse sentimento é fácil de ser compreendido, amor. Pode ser porque o Espírito que retorna seja um amigo do passado! Quem sabe?

– Mas, lá no fundo, sinto-me culpada por esse sentimento diferente em relação a esta gestação!

– Não fique alimentando pensamentos de culpa! Você tem sido excelente mãe para as duas joias que Deus nos emprestou. Afinidades diferentes entre os Espíritos não quer dizer que você vai amar a esse filho ou filha mais do que as nossas duas pequenas, meu bem! Vamos agradecer muito ao Criador a confiança em nós depositada ao permitir que mais uma criatura Dele seja entregue à nossa responsabilidade – disse o marido, beijando carinhosamente a esposa, que se aconchegava mais intimamente entre seus braços.

E foi uma verdadeira festa pelo resto daquele dia, com sonhos e projetos para os dias vindouros.

Se no lar de Eduardo a felicidade fizera morada e a paz adentrara com a notícia da nova criança que estava por vir, no *Recanto de Luz* os trabalhadores estavam às voltas com o Espírito Reobaldo, cada vez mais violento. Novamente, em uma das sessões mediúnicas, ele valia-se da psicofonia para demonstrar todo o seu ódio.

– Quero saber onde vocês esconderam o meu prisioneiro! Já dei mostras do que sou capaz e continuarei demonstrando o meu poder caso insistam em ocultar aquele infeliz de mim!

Valêncio assistia ao senhor Mário no diálogo com esse Espírito, que se encontrava profundamente mergulhado em amargura e revolta.

– Meu irmão, que a paz de Jesus esteja entre nós para que possamos conversar com respeito recíproco.

– Você, escravo dos *vaga-lumes*, continua hipócrita e cínico como sempre! Já disse e volto a repetir que não sou nada seu, muito menos irmão! E tem mais: não tenho nada a ver com esse a quem serve!

– E eu volto a esclarecê-lo, com todo o respeito que merece, que somos criados por Deus e, portanto, consideramos você como irmão. Em relação a Jesus, ele não nos pede para servi-Lo, mas para socorrermos a quem precisa, em nome Dele.

– Pois guardem esse socorro para quem precisa! Jamais aceitarei qualquer migalha de vocês! Mesmo porque, de nada necessito! Apenas exijo que me devolvam o que é meu: o prisioneiro que vocês roubaram de mim!

– Meu amigo!

– Não sou nada seu! Por que insiste nessa farsa?! – retrucou, de imediato, o Espírito. Chame-me pelo meu nome: Reobaldo! Mas chega de conversa, e me entreguem o meu prisioneiro!

– Como já tentamos esclarecer anteriormente, não somos proprietários de ninguém! Somos criaturas livres, criadas por Deus, Reobaldo. Portanto, nunca roubamos nada de pessoa alguma, já que não somos donos de ninguém, volto a esclarecer.

– Pois eu tenho vários que são de minha propriedade! Comando um exército de fiéis servidores! E tomarei de volta esse que me roubaram, custe o que custar. Escondam-no onde vocês esconderem! Ele é meu! Tenho umas contas a acertar com ele, e ninguém me impedirá de fazer isso!

– Ah! Agora você está deixando o assunto mais às claras! Na realidade, busca por vingança, não é isso?

– Errou! Busco por justiça! Eu sou a justiça! E nada, nem ninguém, me impedirá de exercê-la!

– Meu irmão! A justiça perfeita emana das Leis de Deus. A vingança, que você confunde com justiça, é cega e só nos leva a cometer desatinos, comprometendo-nos cada vez mais perante a própria consciência.

– Se insistir em continuar com essa hipocrisia de me chamar pelo que não sou de você, nem de ninguém deste lugar, irei embora e continuarei caçando pelo culpado, caçando aquele que me deve e que irá me pagar!

– Não percebe que você está sendo infeliz com esse seu desejo de vingança, de fazer justiça com as próprias mãos? Seu pensamento e suas atitudes estão escravizadas por esse a quem chama de prisioneiro, Reobaldo. Ele está impedindo que seja feliz e viva em paz.

– Não desejo felicidade nem paz, que são objetivos dos covardes e fracos como vocês! Quero e vou executar a justiça, custe o que custar e doa a quem doer! E, se insistirem em me impedir, conhecerão a força do meu poder! Aliás, já dei algumas amostras do que sou capaz. Se um determinado *rapazinho* que trabalha neste lugar ainda não sucumbiu aos encantos da jovem que trabalha com ele, não pensem que perdi a luta! Se o amante do bom vinho bancou o herói diante do filho num momento de valentia, não me faltarão outras oportunidades e estratégias para levá-los à derrota! Continuem me desafiando e verão!

– Está nos revelando que era você a tentar levar os nossos irmãos para o comprometimento perante as Leis de Deus, meu amigo?

– Odeio vocês todos e jamais serei seu amigo, e muito menos seu irmão, hipócrita! Fui eu, sim, quem arquitetou tudo. E, se pensam que me venceram, não perdem por aguardar.

– Não compartilhamos desse seu sentimento de ódio, Reobaldo. A nossa proposta em nome de Jesus é a proposta do amor. Do trabalho em favor de todos aqueles que aceitarem nossa ajuda.

– Pois eu não aceito nada! De vocês não quero nada! Aliás, de ninguém preciso de nada! Sou autossuficiente, disponho de tudo o que preciso, tomo tudo o que desejo! A lei é exatamente a minha vontade, e de ninguém mais! A decisão é sempre minha! Por isso alerto a vocês, todos covardes servidores dos *vaga-lumes*: devolvam o meu prisioneiro, porque irei achá-lo onde quer que esteja escondido! A justiça precisa ser feita e será feita porque essa é a minha vontade!

– Percebeu que, em nossa conversa, esse a quem chama de prisioneiro ocupa todo o seu tempo e pensamento? Será que ele é seu prisioneiro ou você está aprisionado por ele, meu amigo?

— Ora! Pensa que vai me confundir com essa sua conversinha de gente boa? Vou vasculhar a sua vida e retornarei aqui para desmascará-lo diante dos seus covardes e derrotados companheiros!

— Não precisa se dar a esse trabalho, Reobaldo. Já antecipo a todos aqui presentes que sou uma pessoa extremamente imperfeita, mas com o firme propósito de melhorar-me, trabalhando com Jesus. E estendo essa proposta a você em nome desta Casa, meu irmão.

— Já que insiste em ser cínico, irei embora. Mas alerto a vocês todos que sofrerão as consequências se não me devolverem meu prisioneiro. Caso não saibam, tenho inúmeros servidores, que colocarei no encalço desse protegido de vocês, que me deve e irá me pagar! Se duvidam, aguardem! Ela me escapou, mas eu irei caçá-lo até onde for preciso para que receba a justiça das minhas próprias mãos!

— "Ela", Reobaldo?! Quer dizer, então, que você tem dois desafetos e não somente um, a quem denomina de seu prisioneiro?

— Chega! Essa conversa mole já foi longe demais! — retrucou o Espírito, através do médium, e deixou o *Recanto de Luz*.

— Meus irmãos. Deixemos nosso companheiro partir, dirigido pelo seu instinto de vingança, que o tortura há muito tempo. Oremos por ele e façamos o possível para reconduzi-lo ao rebanho de Jesus. O ódio consome e esgota aquele que o abriga em seu interior. Reobaldo necessita de muita ajuda. É um enfermo que não se deu conta da sua doença. Mas o Evangelho de Jesus tem as medicações para cada alma doente. Nosso dever é, com muita paciência e uma dose grande de amor, procurar apresentar-lhe esses remédios – manifestava-se Valêncio por uma das mediunidades presentes.

– No final das palavras dele, Reobaldo fez uma referência a uma outra pessoa, a quem chamou por "ela". Estaria também envolvida nesse mecanismo de vingança em que ele busca fazer justiça com as próprias mãos, irmão Valêncio? – indagou Mário.

– Mário, meu amigo. Nosso dever imediato é de servir sem buscar explicações que satisfaçam a nossa curiosidade. A vida não é um romance em que se pode ler o último capítulo sem passar pelos primeiros. Vamos seguir a sequência natural dos fatos e aprender com o sofrimento alheio, que bem poderia ser o nosso. Com relação a Reobaldo, estamos no início do *livro* de mais um dilema que pode vitimar a qualquer um de nós aqui presente. Por isso, façamos a nossa leitura à medida que os acontecimentos se apresentem. Não devemos pular *capítulos* na ânsia de saber sobre o final sem passarmos pelo início e pelo meio dos fatos. Como disse anteriormente, se os planos maiores da vida deliberarem que devemos tomar conhecimento de todo o problema, eles o farão espontaneamente, sem a necessidade de ficarmos tentando levantar hipóteses para os acontecimentos que estamos presenciando e que devem servir apenas para o nosso aprendizado e como um grave alerta de que podemos sucumbir da mesma forma. Trabalhemos incansavelmente em nome de nosso Mestre e Senhor Jesus. Esse é o nosso dever, que já sabemos e nos cumpre fazer. É esse o nosso compromisso para o presente. Que a paz Dele permaneça conosco, dando-nos forças para servir. Muita paz, meus amigos e irmãos!

Capítulo 16

O NASCIMENTO DE

André

A GRAVIDEZ DE VERA TRANSCORRERA DE FORMA muito mais tranquila do que em relação às das duas meninas, o que a levou a comentar novamente o fato com Eduardo. Eles já sabiam, pelos recursos da medicina atual, que se tratava de um menino, o que acrescentara mais felicidade ao casal.

– Interessante, amor – dizia ela. – Nas outras duas gestações, tive uma gravidez acidentada: vômitos, inchaço nas pernas, alteração da pressão, trabalho de parto prematuro. E nesta está tudo tão tranquilo, o que vem a confirmar essa dose diferente de felicidade que estou sentindo.

– Como já comentei anteriormente com você, às vezes se trata de um Espírito amigo que está retornando ao nosso lar, o que facilita muito as coisas.

Nós, que recebemos da Doutrina explicações que a medicina não nos pode fornecer, sabemos que isso influi muito.

– O nosso *André*, em homenagem ao Espírito *André Luiz*, está sendo um mensageiro da paz, não é mesmo?

– Se Deus quiser, Vera! Um menininho tranquilo que seja motivo da alegria das irmãs e da nossa alegria. Recebemos um presente completinho que agradou a todos. Às meninas e aos pais. Que bênção, não?

– Nem me diga, amor! Nem me diga.

Enquanto isso, no *Recanto de Luz*, Reobaldo revelava toda a sua fúria novamente.

– Volto, neste lugar que detesto, para exigir o que é meu por direito, seus intrometidos!

– Mas já esclarecemos a você que não temos nada que possa lhe pertencer, meu irmão. Não somos proprietários de nada nem de ninguém – colocava Mário, sob a inspiração de Valêncio, como sempre.

– Cada vez que me chama daquilo que não sou – irmão, amigo, companheiro –, tenho mais ódio de vocês todos. Pare com essa atitude hipócrita e devolva o meu prisioneiro!

— Convidamos você, novamente, a raciocinar que o prisioneiro é você mesmo, meu amigo. Essa ideia de exercer a vingança com as próprias mãos o está impedindo de pensar em outras coisas. Está prisioneiro de si mesmo, de seus pensamentos.

— Não quero pensar em mais nada a não ser em fazer justiça! E vou conseguir. Hoje mesmo, mobilizarei meu exército de caçadores na busca a esse desgraçado que vocês protegem! E vou encontrá-lo! E ele pagará caro tudo o que me deve.

— E podemos saber o que de tão grave ele fez a você para odiá-lo tanto? Se nos informar, quem sabe não poderemos orientá-lo melhor?

O Espírito soltou uma gargalhada de escárnio, através do médium.

— Mas como são insolentes! Vocês, um bando de covardes, têm a pretensão de orientar-me?! Não sejam atrevidos e petulantes. O assunto é entre mim e ele. Não devo nenhuma explicação a vocês, nem a ninguém!

— Todos devemos explicações a Deus, meu irmão. As Leis Dele preenchem todo o Universo e apregoam o amor entre todas as criaturas da obra da criação!

— Já estou cansado dessa mesma conversinha

207

quando venho aqui! São um bando de derrotados que acham que conseguirão impedir a minha justiça! Mas vocês verão se ela acontecerá ou não.

– Lamentamos que o ódio o tenha deixado cego para a sua própria realidade, Reobaldo. Não consegue enxergar o quanto é infeliz nessa busca pela vingança, meu irmão.

– Tenho ódio e nojo de vocês todos, que nada mais são do que um aglomerado de hipócritas! Insistem em chamar-me por aquilo que não sou de vocês! Confundem o que seja ódio e justiça. Não busco o ódio, mas, sim, a justiça, que não acontece a não ser quando decidimos fazê-la! E é o que farei!

– Reobaldo! Entregue a justiça a Deus! Ninguém fica impune quando pratica o mal contra outrem porque a consciência anota todos os nossos erros e acertos e dá a cada um segundo as nossas obras, meu amigo. Se esse a quem chama de prisioneiro lhe fez o mal, ele não escapará da Justiça Divina.

– Chega dessa conversa de covardes e derrotados! Ela me escapou, mas ele não escapará!

– A quem se refere, Reobaldo? Se soubermos o problema por inteiro, poderemos ajudá-lo a equacioná-lo, de tal maneira que todos possam ser felizes!

Outra risada estridente se fez ouvir na sala, através do médium.

– Já perdi tempo demais com essa conversa! Não podem fazer nada, e não preciso da ajuda de ninguém. Eu sou a lei e a justiça! E a minha lei será cumprida, e a minha justiça será feita! Chega de perder tempo neste lugar!

Desvinculou-se do médium com o sentimento de ódio ainda mais exacerbado, se é que isso era possível.

– Continuemos a orar e a proporcionar a esse irmão os recursos que somente o amor é capaz, principalmente no estado em que ele se encontra. Os Espíritos que se entregam ao ódio dessa maneira geram uma monoideia que vai escravizando-os e deformando o perispírito a ponto de poderem perder a forma em que se encontram e transformarem-se em um ovoide, como nos ensina a Doutrina Espírita. Esse nosso irmão caminha para isso, caso não interrompa a sua semeadura de desejo de vingança, que ele disfarça, inconscientemente, como a justiça feita com as próprias mãos. Contudo, a Misericórdia do Criador oferece recurso para todos os nossos males. Caso Reobaldo chegue a comprometer-se a tal ponto que, perdendo a forma que apresenta atualmente, transforme-se em um ovoide, ainda assim continuará sendo filho de Deus e receberá o socorro necessário. O problema é que o tratamento imporá mais sofrimentos a ele mesmo do que os que está procurando causar ao seu desafeto. Ainda não nos conscientizamos que receberemos de acordo com as nossas obras e, por isso mesmo, continuamos a insistir na semeadura de dor, que fica nos aguardando ao longo da nossa jornada evolutiva. Contudo, por pior que a situação se apresente aos nossos olhos, não nos cabe julgar e muito menos abandonar a luta em seu favor. Aliás, nessa luta para socorrermos a esse irmão, o maior beneficiado será cada um de nós, na proporção em que nos doarmos em favor dele. Ao trabalho, pois, com Jesus! – foram as orientações de Valêncio sobre a manifestação de Reobaldo.

Enquanto isso, na dimensão espiritual, assim que deixou o *Recanto de Luz*, Reobaldo reuniu seus comandados na região dominada por ele.

– Meus valentes soldados! Os servidores dos *vaga-lumes* insistem em nos desafiar, retendo, em seu poder, o meu prisioneiro, que capturaram quando atacamos aquele local. A situação se transformou em uma questão de honra para cada um de nós! Ou vencemos esse bando de covardes, descobrindo onde eles esconderam aquele verme, ou seremos vencidos por eles! O que preferem: a vitória ou a derrota?!

E o bando, insuflado pela ira do comandante das trevas, respondeu num grito único:

– A vitória, *Chefe*! A vitória! Vamos descobrir onde ocultaram o prisioneiro e trazê-lo de volta ao seu domínio! Venceremos os *vaga-lumes*!

– Se é assim que pensam, a partir de agora espalhem-se por todos os lugares. Entrem em contato com outros que combatem os covardes servidores da luz e busquem por informações que nos conduzam ao prisioneiro! Estamos sendo desafiados e nos cabe uma resposta à altura para mostrar a eles do que somos capazes! A partir deste momento, vasculharemos tudo e todos os lugares, mas descobriremos onde está escondido aquele covarde que me deve muito e que irá pagar tudo para que a justiça seja feita! Vamos! Espalhem-se! Busquem informações com outros grupos! Vasculhem, mas não me voltem aqui sem o que preciso saber!

E a caçada a Afrânio, comandada por Reobaldo, que desejava tê-lo em seu poder novamente, foi desencadeada com fúria extrema. Os denominados soldados se espalharam como uma rede de intrigas poderosa e extremamente eficaz nas regiões inferiores, onde os iguais se auxiliavam na concretização do mal.

E se o mundo prosseguia, na dimensão espiritual, com os objetivos mais diversos, entre os encarnados também o tempo foi cumprindo sua marcha inexorável.

Completados os nove meses de gestação, Vera deu à luz a um saudável menino, que anunciava mais semelhança com o pai do que com a mãe.

André era mais um Espírito que retornava ao educandário da Terra, em cumprimento da lei da reencarnação, para que o progresso, Lei de Deus, tivesse prosseguimento, dessa vez para ele.

Aos três anos de idade, André começou a acordar à noite e a chorar de uma maneira estranha que não sugeria, absolutamente, nenhuma espécie de manha ou artimanha para atrair a atenção dos pais.

O fato foi revelado ao pediatra de confiança que, após exames rigorosos, pôde informar aos pais que nada de errado se passava com o menino.

– Vera e Eduardo, André é uma criança saudável. Não encontro motivos que possam estar determinando esse comportamento dele à noite.

– Pois, então, doutor, estamos preocupados porque nosso filho não tem um sono tranquilo. Chora muito e agita-se em determinado horário da madrugada. E, estranhamente, parece que isso acontece mais ou menos no mesmo horário, como se fosse algo programado.

– Não sei explicar a razão para vocês – foi franco o médico. – O que posso garantir é que não existe nenhuma enfermidade nele que justifique tal atitude.

Aguardou alguns instantes e falou baixinho como se tivesse medo do que ele mesmo estava por dizer:

– Posso sugerir uma coisa?

– Claro, doutor! Estamos aqui para isso.

– Bem. Não que acredite no que eu vá dizer, mas vocês não são lá daquela religião meio estranha?

Os pais sorriram pela maneira como o médico se referia à Doutrina Espírita.

– Somos espíritas, doutor, mas garantimos ao senhor que nada nela é estranho. Pelo contrário, o Espiritismo nos revela a vida como realmente ela é, sem os conceitos sobrenaturais que dela faz a maioria das pessoas – respondeu, sorrindo, Eduardo.

– É assim mesmo, doutor. A religião espírita revela não só nosso mundo material como também aquela outra dimensão para onde todos estamos indo – colocou Vera, também sorrindo pelas palavras do médico.

Ele, prontamente, bateu na mesa de madeira valiosa da escrivaninha do consultório.

– Esse assunto é com vocês. Não tenho nenhuma pressa de ir para lá, não!

O casal voltou a sorrir pela atitude do médico em relação ao Espiritismo.

– Mas complete o que ia dizer, doutor – retornou ao assunto inicial Eduardo.

– Bem. André não tem nada sob o ponto de vista físico que justifique esse choro noturno. Então pensei: quem sabe, recebendo um benzimento naquele lugar que frequentam, ele não melhore?

Aí o casal não conteve o riso mais franco.

– Não é *benzimento*, doutor. Lá são aplicados o que chamamos de *passe*, que é uma forma de transmitir energia dos Espíritos, através dos médiuns, para uma pessoa necessitada, física ou emocionalmente.

– Pronto! É isso aí! Era exatamente nisso que estava pensando, seja lá como for que denominem. O menino não tem nada físico. Quem sabe, com esse tal de passe, ele não melhore. Se não fizer bem, mal com certeza também não fará, não é assim?

– É, doutor, vejo que o senhor já é um espírita não praticante – observou a mãe da criança.

– Por favor, dona Vera! Não me comprometa! Como disse, não acredito em nada disso, mas já que acreditam, não custa tentar. De minha parte, não tenho nada a receitar para André.

— É, doutor, vejo que está bem acompanhado de Espíritos bons, que passam ao senhor boas intuições — disse Eduardo, esperando pela reação do médico.

— Não brinquem com isso! Se tem algum deles por aqui, leve-o com vocês!

— Fique tranquilo, doutor. O senhor, sendo um bom médico, só atrai Espíritos bons — foi a vez de Vera descontrair o ambiente.

— Mesmo assim, peço que eles, se estiverem por aqui, os acompanhem, e boa sorte lá naquele lugar que frequentam — disse o médico, desejando livrar-se daquela conversa.

— Aquele lugar chama-se Centro Espírita, doutor. Uma casa de serviço e oração em favor dos mais necessitados. Além de ser também uma espécie de hospital — tornou a esclarecer Vera ao médico, que não estava nada interessado na continuação do diálogo.

— Seja como acreditam, Vera e Eduardo. Se surgir algum problema novo em André, podem trazê-lo para uma nova consulta, mas, por ora, não tenho como auxiliar, já que o menino não tem nenhuma doença.

Os pais da criança, agradecendo pela atenção e

pelo trabalho do pediatra, despediram-se. Já fora do prédio do consultório, comentaram entre si:

— Mas como ainda existem preconceitos contra a Doutrina Espírita! Desconhecem-na e julgam-na por aquilo que ouvem dizer, dando um ar de sobrenatural ao mundo dos Espíritos, que é a continuação absolutamente natural da vida dos homens encarnados – observou Eduardo.

— Imagine, meu bem, o que sofreram os precursores do Espiritismo! O doutor se arrependeu da sugestão que ousou nos dar. Não via a hora de sairmos do consultório! – comentou Vera.

— Mas até que deu uma ótima sugestão para alguém que não acredita em Espíritos! – completou Eduardo, sorrindo. – Se André nada tem, fisicamente falando, nada mais natural que busquemos os recursos dos amigos espirituais, meu bem. Falarei com o senhor Mário, e ele nos dará as orientações necessárias para o nosso André se acalmar e deixar o nosso coração mais tranquilo.

Capítulo 17

Esclarecimentos

– Como bem sabem, amigos Eduardo e Vera, nossos filhos pequeninos são Espíritos que vêm de longa jornada evolutiva angariando amizades e desafetos. O filho de vocês, André, não é exceção à regra, evidentemente. Como o pediatra nada encontrou nele de errado, fisicamente falando, o tratamento que a Doutrina Espírita oferece a todos nós é muito interessante para ele. E mesmo que existisse uma enfermidade no corpo, a ajuda dos amigos espirituais é sempre bem-vinda, como também é do conhecimento de vocês. Acredito que os passes, a água fluidificada, o estudo do Evangelho no lar, que já realizam, será capaz de trazer mais tranquilidade ao nosso menino e a vocês. Ele também está vindo às aulas de Evangelização Infantil, não está?

— Sim, senhor Mário. Todos os domingos, nós o trazemos juntamente com as meninas. – respondeu Vera.

— E ele gosta?

— Na verdade, senhor Mário, André não gosta, não. Mas, como pais espíritas que entendem a necessidade desse importante componente na formação do caráter de nossos filhos, o trazemos mesmo contra a vontade dele, na esperança de que venha a se afinar melhor com a Doutrina.

— E as meninas... gostam?

— Elas são mais dóceis e gostam de vir, sim.

— Estão agindo corretamente. Muita gente providencia para o filho o melhor médico, a melhor roupa, a melhor alimentação, a melhor escola e, quando chega na hora da religião, deixa para segundo plano, esquecendo-se de que o corpo morre, mas o ser espiritual prossegue. Ou seja, investem no ser físico e não se preocupam exatamente com o Espírito imortal! É o contrassenso que caracteriza, infelizmente, a maioria dos pais. Quantos homens de sucesso na vida, com carreira brilhante porque os pais investiram e tudo fizeram para que se dessem bem na vida, não sabem a oração do Pai Nosso! Quando o dinheiro do mundo não trouxer mais as soluções de que eles necessitam, desesperar-se-ão, blasfemarão contra Deus, perderão totalmente a cabeça e o rumo de suas vidas.

– E esses pais responderão por esses momentos de desespero desses filhos perante Deus e a própria consciência, não é?

– Sem nenhuma dúvida. Filhos são enorme responsabilidade, que livremente assumimos perante as Leis maiores da vida. Muitos casais decidem tê-los apenas para provarem que conseguem ser macho e fêmea. Têm esses filhos como bibelôs para mostrar para os outros, como se dissessem: "Olhem todos! Somos capazes de reproduzir!". Só que as Leis nos cobram o que fizemos desses Espíritos, que são filhos de Deus!

– Muitos pais argumentam que deixam os filhos livres para escolherem uma religião depois que já possuírem consciência para isso. Argumentam que religião não se impõe e não direcionam os filhos a nenhuma delas – argumentou Vera.

– A primeira hipótese que podemos levantar nesses casos é a de que não querem o compromisso de acordar mais cedo aos domingos para conduzirem os filhos a um determinado templo religioso. Lá no fundo do seu comodismo, o que desejam é desfrutar de mais horas de sono nesse dia da semana. Sabemos nós que, no período da infância que vai até os sete primeiros anos de vida, o Espírito que está retornando é mais receptivo à nossa semeadura. Após esse período, o *terreno* vai ficando mais rebelde aos nossos conselhos e às nossas orientações. Pode ocorrer até que esses filhos que não recebem uma orientação religiosa quando pequenos mais tarde não se dirijam a religião alguma. Não ter religião não significa que a pessoa será de má índole, absolutamente. Entretanto, não podemos esquecer de que estamos em um planeta de provas e expiações. Os Espíritos que aqui reencarnam, com raríssimas exceções, necessitam de uma condução através de alguma religião, seja ela qual for. Melhor estarem dentro de um templo religioso do que em um bar bebendo ou sujeitos às ofertas de drogas ilícitas, quando vagueiam pelas ruas em companhias inadequadas. Jesus não nos trouxe nenhuma denominação religiosa das que hoje conhecemos. Ele nos ensinou e propôs a religião do amor. Agora pergunto a vocês: temos evolução suficiente para praticar o amor sem uma orientação religiosa? Se, frequentando essa ou aquela religião, ainda somos capazes de cometer tantos crimes, de odiar, de sermos extremamente orgulhosos, vaidosos, egoístas, corruptos, imaginem do que não seremos capazes sem nenhuma religião!

– Outro erro frequente é os pais acharem que basta trazer os filhos ao templo religioso de sua escolha, e a obrigação deles está feita. Não é assim, pois os pais são os primeiros e maiores evangelizadores dos próprios filhos – colocou Vera.

– Exatamente isso, Vera. Excelente observação. De nada adianta o filho receber uma determinada orientação de sua religião se, em casa, observa os pais agindo de maneira totalmente oposta. Por exemplo: aprendem que não devem mentir e, em casa, o pai manda o filho atender ao telefone e dizer que ele, pai, não está! Ora, isso confunde a cabeça da criança. Como vive mais tempo com esses pais, ela vai absorver como correta a conduta que vivencia dentro do lar! Vai mentir. Vai falar palavrões se escutá-los de algum dos progenitores. Vai ser desonesto se perceber desonestidade. E assim por diante. Dizem, incorretamente, que as crianças vão à escola para receberem educação. Isso é um grande erro! Cabe à escola instruir, transmitir conhecimentos. A educação é obra intransferível dos pais! Aliás, na escola, a criança demonstra, quando se relaciona com os colegas, se recebeu educação em casa ou não. Da mesma forma como a escola não educa, porque educação é obrigação dos pais, a criança recebe orientações religiosas dentro do templo que frequenta. Podemos considerar que as religiões dão um início à formação religiosa de nossos filhos. Essa missão cabe aos pais na convivência, no dia a dia. Se as orientações recebidas no templo religioso se conflitam com as que observam dentro da própria casa, esses filhos seguirão os exemplos dos pais, que são, exatamente por isso mesmo, os primeiros e mais importantes evangelizadores deles. Não há como transferir essa responsabilidade para outras pessoas. Eles convivem conosco um tempo muito maior do que na escola religiosa que frequentam.

– Mas, senhor Mário, existem filhos que, mesmo com as orientações melhores dos pais, teimam em seguir o caminho errado! – observou Vera.

– Sem dúvida. Como disse, no início desta nossa conversa, eles são Espíritos criados por Deus e com direito ao livre-arbítrio como todos nós. Muitos deles seguem o caminho do erro, mesmo com as melhores orientações e os exemplos dos pais. Só que existe uma enorme diferença de quando fizemos de tudo ao nosso alcance para orientá-los para o lado correto da existência, e eles preferiram outros caminhos, de quando não fizemos tudo o que poderíamos ter feito, e por isso eles se desencaminharam! A diferença é enorme!

– Na situação em que os pais cumpriram com o seu dever, não respondem perante a própria consciência – comentou Eduardo.

– Nem poderia ser diferente, não é? – colocou Mário. – A Justiça Divina é absolutamente perfeita e não nos cobra pelo que não devemos. Mas, quando ocorre o contrário, não encontraremos a paz enquanto não encaminharmos esses Espíritos, que nos foram entregues para que os conduzíssemos ao bom caminho. Aliás, não somente em relação aos filhos, mas em relação aos relacionamentos em geral. Entre pais e filhos, marido e mulher, entre irmãos consanguíneos, etc. Se a determinação que impera é a de amarmo-nos uns aos outros, todas as vezes em que isso não ocorrer, contraímos a respectiva dívida e agendamos futuros reencontros para corrigir aquilo que fizemos incorretamente ou deixamos de fazer, porque tanto erramos fazendo o que não deveria ser feito, como também quando nos omitimos e não fazemos o que deveria ter sido feito. E à Lei Maior nada escapa. Ela milimetricamente confere todas as nossas atitudes e dá a cada um segundo as suas obras!

Ficaram os três sem conversar por alguns instantes, como se estivessem refletindo sobre tudo o que havia sido comentado.

André, que brincava por perto, abraçou-se a uma das pernas de Eduardo, o que fez quebrar o silêncio entre os adultos.

– Olá, menino bonito! Quase nos esquecemos de você, não é, meu filho? – comentou o senhor Mário. – Bem, a conversa estava muito boa, mas vamos passar para a prática junto ao nosso menino, não é, amigos? Façamos o seguinte, Vera e Eduardo: nos dias em que nossa Casa realiza o tratamento com a terapia dos passes e a água fluidificada, vocês já podem ir trazendo o menino. Pediremos o concurso dos nossos amigos espirituais caso eles resolvam acrescentar algo em relação ao problema apresentado por André.

— Senhor Mário, o senhor acha que pode estar ocorrendo uma interferência de Espíritos desejosos de perturbar nosso lar, utilizando-se do nosso filho? — perguntou, apreensiva, a mãe.

— Vera, como nos ensina a Doutrina Espírita, o mundo dos encarnados se relaciona intimamente com os desencarnados a ponto de ser, muitas vezes, eles que nos dirigem. Pode parecer exagero ou mentira para as pessoas que não são espíritas, mas, para nós, não. Está lá na questão de número 459 de *O Livro dos Espíritos*.

— E isso agrava o problema, não é? — tornou a perguntar, demonstrando mais preocupação.

— O Evangelho de Jesus traz uma receita para cada um de nossos problemas, Vera. Se houver alguma interferência nesse sentido e se os amigos espirituais que tanto nos socorrem nesta Casa julgarem útil nos inteirarmos de outros detalhes, eles nos trarão orientações sem nenhuma dúvida. De modo que, por ora, devemos dar início ao nosso trabalho, na certeza de que eles realizarão o deles na medida em que as Leis Maiores da vida permitirem. O que não podemos, de maneira alguma, é perder a nossa fé em Jesus! Mantendo-nos fiéis a Ele, tudo se resolverá da melhor maneira possível.

André deu início ao tratamento sugerido pelo senhor Mário naquela mesma semana. Em uma das sessões mediúnicas no *Recanto de Luz*, uma das mediunidades deu oportunidade a um Espírito que, sem se identificar, apenas gargalhava muito.

– Seja bem-vindo, meu irmão – disse Mário à entidade que assim se comportava.

A resposta foi um recrudescer dos risos sarcásticos. Mário tentou estabelecer um diálogo.

– Podemos saber o que deseja, meu amigo? Ou, pelo menos, o seu nome?

Nada! Apenas o continuar das gargalhadas.

– Se podemos ser úteis a você de alguma forma, é necessário que se manifeste e que diga alguma coisa, porque apenas essas suas risadas não permitem que dialoguemos – continuou o senhor Mário.

A risada cessou. Alguns segundos de silêncio e, por fim, apenas algumas palavras do Espírito:

– São mais tolos do que imaginei!

E recomeçou a gargalhar.

– Estamos em uma Casa de oração e de trabalho a serviço de Jesus. Se nada tem a dizer para que possamos conversar com respeito recíproco, pedimos que deixe a mediunidade para algum companheiro a quem possamos ser úteis e vá em paz, meu irmão.

E o silêncio deixou uma incógnita no grupo de trabalho. Nunca haviam presenciado um comportamento tão estranho como o daquele Espírito, que apenas gargalhava e nada dizia. O comportamento dele foi assunto após o término do serviço mediúnico.

– Que coisa mais estranha! – comentou Luíza.

– A impressão que fiquei foi a de que esse Espírito veio apenas para debochar de nós, por algum motivo que não consegui entender! – colocou Alfredo.

– Também não entendi nada! – completou Eduardo.

– Tenho as minhas dúvidas! – manifestou-se o senhor Mário. – Esse Espírito veio até nós com algum propósito que não quis dizer exatamente para deixar, em cada um de nós, uma interrogação. Temos que ter o devido cuidado para não titubearmos e abrirmos a defesa da nossa casa mental, que acho que é exatamente o que ele desejava.

– O estranho é que nosso mentor Valêncio não explicou nada antes que encerrássemos a reunião! – foi a opinião de outro componente do grupo.

– Companheiros. O irmão Valêncio não é nossa babá. Inteligentemente nos deixou entregues ao nosso livre-arbítrio. Não podem os desencarnados ficar nos pajeando em cada acontecimento. Devemos raciocinar com os ensinamentos da Doutrina Espírita e tomarmos os devidos cuidados para não sermos envolvidos por esse tipo de entidade, que não está bem-intencionada, evidentemente. Essa ideia existente no meio espírita de que nosso Anjo da Guarda fica ao nosso lado dia e noite, sussurrando em nossos ouvidos o que devemos ou não devemos fazer, é uma ideia comodista. Temos de assumir nossas responsabilidades. Tomar nossas decisões orientando-nos pelo que já sabemos. Se a mãe caminhasse pelo filho quando a criança começa a aprender a andar, essa criança demoraria muito mais tempo para caminhar com segurança. Assim se comportam os Espíritos amigos. Fazem os seus alertas, mas não podem tomar as decisões que cabem ao nosso livre-arbítrio. Valêncio já nos alertou que o nosso *Recanto de Luz* está sob o severo ataque de entidades desejosas de destruí-lo. De posse dessa informação, cabe a cada um de nós estabelecer a própria defesa, e não ao nosso Mentor. Estamos aqui entre irmãos e por isso podemos comentar. Alguns de vocês já passaram pelas investidas de um inimigo espiritual. Infelizmente, a nossa companheira Raquel sucumbiu a um desses ataques e nos deixou. Felizmente, outros venceram a si mesmos, e continuamos firmes em nossos propósitos. É através das dificuldades que crescemos. Tenho a certeza de que, no momento apropriado, Valêncio se manifestará, mas não podemos ficar como filhotes de passarinho de bico aberto esperando pelo alimento dos pais. Chega um tempo em que o filhote terá de aprender a voar e a buscar a própria comida. Creio que é esse tempo que já atingimos. Concordam comigo?

Todos fizeram um movimento afirmativo com a cabeça, abraçaram-se e se despediram fraternalmente após mais uma noite de serviço na abençoada Casa.

Capítulo 18

O

"Bicho"

André submeteu-se, durante vários meses, ao tratamento espiritual e voltou a dormir em paz, para o sossego dos pais.

Porém, ao completar os cinco anos de idade, uma outra preocupação surgiu no lar de Vera e Eduardo.

De repente, em uma madrugada, o menino acordou muito assustado e correu desesperado ao quarto dos pais.

– Mamãe, mamãe! O bicho tá no meu quarto, mamãe!

– O que foi, meu filho?! – perguntou Vera, acolhendo-o carinhosamente nos braços e beijando-o várias vezes. – Que bicho, meu querido?

— O bicho, mamãe! — respondeu angustiado o menino, apontando em direção ao seu quarto.

— Ele deve estar sonhando com aquele cachorro da raça pastor alemão que o assustou um dia desses ao avançar nele enquanto caminhávamos a pé — colocou o marido, procurando abrandar a aflição do filho e da esposa.

— Foi isso, André? Sonhou com aquele cachorro que assustou você, meu filho? — perguntou carinhosamente a mãe.

— Não, mamãe. O bicho é mais grande! É mais peludo! Tem dentão na frente, mamãe! — disse o menino, assustado.

— Fique com o papai e a mamãe, que aqui ele não vem. Nós não deixaremos, meu amor! Deite aqui na nossa cama, bem no meio da gente, meu filho — disse Vera, pegando o menino e colocando-o entre ela e Eduardo.

— Calma, meu filho. O papai está aqui com você e, se esse tal de "bicho" chegar aqui, o papai cuida dele. Pode dormir sossegado, meu bem — disse Eduardo, beijando o filho para acalmá-lo.

O menino adormeceu entre o carinho e a proteção dos pais. Os cônjuges, embora de madrugada, comentaram entre si o acontecimento.

— O que será isso, Eduardo?! – perguntou Vera, preocupada.

— Ele deve ter sonhado com o cachorro, amor.

— Mas ele disse que esse tal de bicho é bem maior! Mais peludo! Com dentes maiores!

— Você sabe como é fértil a imaginação de criança nessa idade, Vera – disse Eduardo, deslizando uma das mãos pelos cabelos da esposa. – Acredito que sonhava com o animal que o assustou naquela tarde em que andávamos com ele pelo jardim.

— Será que vai começar tudo de novo, Eduardo?! O pior é que não se chegou a nenhuma conclusão das crises de choro quando ele era mais novo. Não sabemos se houve a participação de Espíritos ou não.

— Fique tranquila. Se o acontecimento se repetir, conversaremos com o senhor Mário novamente. Se precisar iniciar o tratamento com passes e água fluidificada, começaremos tudo de novo. Não ficamos sabendo o motivo da agitação de André naquela época, mas o importante é que ele ficou bem. Ficará tudo bem outra vez. Se for alguma influência espiritual sobre nosso filho, os amigos espirituais voltarão a nos auxiliar. Lembre-se de que André é, antes de tudo, um filho de Deus, meu amor! O Criador providenciará o necessário para que tudo retorne à calmaria em nossa casa. Agora procure dormir, porque um novo dia se avizinha, e temos muitas coisas para fazer!

Vera voltou a conciliar o sono naquela noite de surpresa desagradável. Entretanto, outras se repetiram ao longo do mês, com a criança dirigindo-se aterrorizada ao quarto dos pais, repetindo as mesmas palavras sistematicamente: "O bicho, mamãe!".

Antes de se dirigirem ao senhor Mário, resolveram passar pelo pediatra novamente, que acabou por sugerir a mesma solução: "Levem André naquele lugar esquisito que frequentam, porque fisicamente ele não tem nada!".

"O lugar esquisito!" E lá estavam, novamente, Vera e Eduardo conversando com o senhor Mário, após revelarem os novos acontecimentos que vitimavam o filho.

– Eis nos aqui novamente, senhor Mário – disse a mãe, com o coração angustiado. Nosso querido André tem despertado de madrugada e se dirigido aterrorizado ao nosso quarto, sempre com a expressão: "O bicho, mamãe!". O senhor acha que, desta vez, pode ser uma entidade espiritual a atormentar nosso filho?

– Vera, entendo a preocupação de seu coração

de mãe. Contudo, precisamos tomar muito cuidado, porque o espírita tem o hábito errôneo de jogar tudo em cima dos "ombros" dos Espíritos, minha amiga. Evidentemente que nossos irmãos desencarnados, e ainda muito pouco esclarecidos, poderão tentar nos prejudicar de alguma maneira, principalmente quando existe um desafeto entre o encarnado e eles. Mas é preciso agir com calma para não chegarmos a conclusões precipitadas por dois motivos. O primeiro é não nos tornarmos fanáticos. O fanatismo exclui o uso da razão, e a Doutrina Espírita é essencialmente racional, como bem sabemos. O segundo motivo é o de não tirarmos conclusões precipitadas que possam comprometer o bom conceito de todo o trabalho imenso que Kardec teve para nos trazer as revelações do mundo espiritual – explicou pacientemente Mário, que compreendia perfeitamente a angústia e a preocupação dos pais.

Vamos reiniciar com os mesmos recursos que o Espiritismo nos proporciona e que foram utilizados há aproximadamente dois anos, quando André agitava-se de madrugada.

– Nosso filho poderia estar enxergando alguma entidade desejosa de lhe fazer mal? – perguntou Vera, preocupada com a criança.

– Vera, sabemos que as crianças, até os sete anos de idade, por não terem a reencarnação consumada como o adulto, podem vislumbrar o mundo espiritual com mais facilidade do que nós. Só que essa não deve ser a primeira hipótese a ser levantada, pelos motivos que acabei de explicar anteriormente.

— Suponhamos que fique a hipótese de que seja uma visão espiritual, depois de descartadas as demais, isso indica que a criança é vidente? — tornou a perguntar a mãe.

— Não necessariamente. Após os sete anos de idade, com a consumação da reencarnação, a visão do mundo espiritual se atenua e acaba por se extinguir quando não existe o compromisso com a vidência, que, diga-se de passagem, é uma das mediunidades mais raras, o que é importante considerar.

— André ficou muito assustado com um cão da raça pastor belga, que é um cachorro muito bonito, de pelo preto, o que realça ainda mais seus dentes muito brancos! O animal rosnou para nós três durante um passeio que fizemos pelo parque dias atrás. Pode, então, ser mesmo o susto que levou com o cachorro que esteja provocando esses sonhos? — ponderou Eduardo.

— Meu amigo, entendo, da mesma forma, que como pai também esteja preocupado, mas volto a dizer que a imaginação da criança é povoada de sonhos, de imaginações, que não podemos deixar de considerar em nossas hipóteses.

– E como diferenciar, entre os frutos dessa imaginação fértil de uma criança, o que seja a real participação de uma entidade espiritual?

– Estudando e observando o que elas nos contam. Quando existe a participação de uma entidade espiritual bem-intencionada ou mal-intencionada, as informações da criança sugerem uma dessas companhias. Já o produto da imaginação infantil segue rumo diferente. As conversas revelam o produto da imaginação delas. Só para exemplificar, lembremos a primeira manifestação de Chico Xavier aos pais assustados quando o menino ditou o motivo do aborto de uma vizinha lá na distante cidade de Pedro Leopoldo, no início do século XX. Chico, ainda muito pequeno, ao ouvir os pais comentarem sobre o aborto acontecido com a vizinha, disse tratar-se de um problema da nidação do ovo o abortamento ocorrido. Nidação, como a medicina explica, trata-se da fixação do óvulo da mulher, fecundado pelo espermatozoide e transformado em ovo, que procura o berço uterino para desenvolver a gravidez normal. Num caso desse tipo, fica estupendamente claro que não poderiam essas palavras terem saído da mente infantil de Chico, mas, sim, da revelação de alguma entidade espiritual, que ele já era capaz de ouvir, enxergar ou ambas as coisas, como mais tarde ficamos sabendo, pelo próprio Chico. De tal forma que o tipo de conversa, dos acontecimentos que a criança vai revelando, permite-nos formular uma hipótese mais consistente da participação ou não de algum Espírito nos casos em que isso realmente ocorra.

– Então é muito cedo para tirar conclusões sobre o que está acontecendo com o nosso André, senhor Mário? – perguntou Eduardo.

– Se quisermos ser racionais, não resta nenhuma dúvida quanto a isso, meu amigo.

Deu alguns segundos para os pais absorverem as ponderações e retornou às explicações:

– De início, devemos empregar os recursos da Doutrina Espírita como fizemos da outra vez. Se o plano espiritual julgar necessário alguma orientação para André, ele o fará no transcurso do tratamento com os passes e a água fluidificada. O importante é não titubearmos em nossa fé de que podemos contar sempre com a ajuda desses amigos incansáveis em nos socorrer com a permissão de Jesus, mesmo porque, estamos seguindo as orientações da nossa querida Doutrina. O nosso menino nasceu em um lar espírita; vocês realizam o estudo do Evangelho no lar; ele participa da Evangelização Infantil de nossa Casa, onde recebe os ensinamentos espíritas, de tal modo que está, o nosso André, tendo todo o amparo no sentido de compreender o mundo espiritual. Se o que está ocorrendo com ele é algum tipo de visão do outro plano da vida, que interage conosco, o tempo irá revelar no momento oportuno em que o menino tiver condições de desenvolver a sua mediunidade. Por enquanto, vamos, com muita calma, ampará-lo no problema que se apresenta. Já imaginaram o dilema se ele tivesse nascido em um lar que não fosse espírita? A essa altura, poderia estar em um consultório de algum psicólogo para sondar os motivos pelos quais a criança está dizendo ver o tal "bicho" que a tem assustado. Para nós, entretanto, por ora, é aplicar os passes e a água fluidificada, e o Evangelho no lar, como vocês já têm feito. Vamos trabalhar e aguardar confiantes no socorro espiritual.

Enquanto André iniciava mais um tratamento com os recursos da Doutrina Espírita, os trabalhos no *Recanto de Luz* prosseguiam firmes. As reuniões mediúnicas que faziam parte desses trabalhos também aconteciam dentro de sua rotina semanal, com os componentes do grupo de socorro aos desencarnados.

Naquela noite, valendo-se de uma das mediunidades, Valêncio trazia suas palavras amigas aos encarnados.

– Amados irmãos. Temos muitos motivos

para prosseguirmos em nossas tarefas em nome de Jesus. O trabalho não nos tem faltado, o que deve ser uma honra para o trabalhador de boa vontade. Temos enfrentado juntos as dificuldades características de todo aquele que se dispõe a colocar as mãos no arado e não olhar para trás. A ação no bem incomoda aqueles irmãos que ainda permanecem na ignorância das sombras, mas que serão esclarecidos no seu devido tempo para que não se perca nenhuma ovelha do rebanho do Senhor. Que jamais nos falte a disposição de servir. Que jamais a dúvida encontre guarida em nossos corações. Que jamais o desânimo, esse inimigo muito forte dos desencarnados infelizes, consiga encontrar espaço em nossos pensamentos. Dessa forma, prossigamos com nosso Mestre, seja qual for a dificuldade, na certeza de que ele está no leme das nossas embarcações, como bem demonstrou aos Apóstolos assustados no mar da Galileia, quando o temporal abalou a frágil embarcação em que estavam. Somos frágeis em nossas imperfeições, mas podemos contar com Ele para que não venhamos a soçobrar. Que a paz de nosso Senhor e Mestre esteja presente em mais esta noite de bênçãos para todos nós presentes, encarnados e desencarnados.

– Chega de falatório, *vaga-lume*! Não desejo paz alguma, mas, sim, a prova da minha vitória! –

esbravejou um Espírito através de um dos médiuns, mal Valêncio encerrara suas palavras.

– Seja bem-vindo em nossa Casa, meu irmão – assumiu a responsabilidade do diálogo o senhor Mário, contando, como sempre, com a intuição de Valêncio.

– Não desejo ser bem-vindo neste lugar de fracos e derrotados! – retrucou a entidade.

– Mesmo assim, oferecemos-lhe a paz de nosso Mestre Jesus – continuou Mário.

– Pois a guardem para vocês, seus fracos e perdedores! – continuava agressivo o Espírito.

– Desconhecemos os motivos desse seu sentimento por nós, meu irmão.

– Ora! Já disse muitas vezes, mas parece que você é surdo! Não sou seu irmão e muito menos seu amigo! Insiste nisso para me irritar?

– Absolutamente, meu irmão. Insisto porque essa é a realidade, goste você dela ou não. Se todos fomos criados por Deus, essa condição nos torna irmãos diante Dele – argumentou Mário.

– Isso é problema de vocês! Acredito apenas em mim! Naquilo que posso! E posso tudo! Não preciso desse deus a quem vocês vivem curvados e mendigando algo, seus fracos! – continuava agressivo o Espírito.

— Parece-me que já esteve aqui outras vezes, pelas suas palavras e modo de enxergar a realidade, meu amigo.

— Sou Reobaldo, que retorna vitorioso, seu tolo!

— O ódio nunca significará vitória, meu irmão! Quem odeia já está vencido por si mesmo.

— Ah, é?! Vamos ver quem está vencido depois que eu revelar o que sei sobre o meu prisioneiro, que tentaram esconder de mim! – rugiu o Espírito.

— Tenho que repetir a mesma coisa a você, Reobaldo, já que insiste em não modificar o seu ponto de vista: somos criados livres pela Providência Divina e, por isso mesmo, nunca tivemos e nunca teremos prisioneiro algum em nossa Casa. E, em segundo lugar, deixo bem claro que não escondemos ninguém de você, meu amigo.

— Vou fingir que acredito no que você diz, mesmo porque, isso não importa mais. Descobri o covarde acobertado por vocês!

— Se puder ser mais claro...

— Vou ser, você verá! O criminoso ao qual vocês deram proteção está escondido em um novo corpo. Vocês o esconderam nesse novo *esconderijo*, mas eu e meus comandados o encontramos, e ele irá pagar bem caro o que me fez! Aliás, já está pagando!

— Entendi, meu irmão!

— Não sou seu irmão! Não sou nada seu, a não ser seu inimigo! Se insistir nessa conversa mole, vou embora!

— Seja como quiser, Reobaldo. Nossos sentimentos em relação a você é um direito nosso. O de não aceitar, é um direito seu. Por isso, vamos nos tratar com o respeito recíproco.

Na verdade, Mário procurava prolongar um pouco mais o diálogo com o Espírito obsessor para obter mais informações que pudessem identificar a quem Reobaldo se referia, a fim de poder ajudá-los melhor.

— Pensa que me engana com essa conversinha mole?! Fico aqui só enquanto eu quiser, seu covarde metido a esperto!

— Como disse antes, Reobaldo, aqui nesta Casa tratamos a todos com o respeito que queremos receber. Neste local, não nos entregamos a agredir seja a quem for. E pedimos que tenha a mesma atitude para conosco.

— Não se preocupe! O que tinha a dizer está dito. O covarde que justiçarei foi descoberto, apesar de tentarem escondê-lo de mim. Por certo, acreditaram que não tenho poderes. Mas aí está a prova do que sou capaz! O criminoso foi descoberto, e aplicarei nele a minha justiça!

— Essa sua insistência revela que conhecemos a quem você se refere nesse seu mecanismo de vingança, Reobaldo.

— Ora! Não são inteligentes?! Que tal perguntar para o chefe de vocês, que vive dando sinais de fraqueza? Perguntem a ele! Caso ele não saiba esclarecê-los, perguntem aos seus maiores, a quem vivem a servir! De que adianta ter os amigos importantes, que vivem apregoando que têm, se eles não os socorrem com as informações de que precisam?! Vou acompanhar esse covarde em seu novo esconderijo, desejando que ele tenha uma longa estada no corpo para que demorada seja a minha justiça! Vou devolver a ele o que dele recebi um dia!

— Volto a alertá-lo, meu amigo. Quanto mais exercitar o ódio, mais será vítima desse ódio. Quem detona uma bomba junto de si é o primeiro a ser atingido pelos efeitos nocivos do explosivo. O ódio funciona à semelhança de uma bomba que explodimos primeiramente dentro de nós para depois atingir a quem desejamos. É isso que quer para você, Reobaldo?

— Não pense que vai me enrolar com esse tipo de conversa, que somente os trouxas escutam!

— Não pretendemos enganar a ninguém, Reobaldo. Apenas alertamos a quem nos deseja ouvir para as consequências negativas das atitudes que podemos tomar. A vida nos devolve exatamente o que nelas plantamos. É isso que estamos querendo que você entenda para o seu próprio bem.

– Mentira! Estão tentando me enrolar para protegerem o criminoso que esconderam em um novo corpo!

– O tempo dirá quem está mentindo, Reobaldo. Se deseja realizar o plantio do mal, prepare-se para colhê-lo quando menos esperar. Como nos ensinou Jesus, a cada um será dado segundo as suas obras, meu irmão.

– Já estou cansado com essa nossa conversa e das suas palavras de quem vive com medo de tudo. Eu nada temo! E já tolerei muito este lugar! Não me deterão aqui por mais tempo. Apenas mais um avisinho, meu *irmão*! – disse rindo o Espírito, em tom de deboche. – A outra que me prejudicou, também estou prestes a descobrir onde está. E ela vai pagar do mesmo jeito que o protegido de vocês!

– Ninguém o está detendo, Reobaldo. Fique certo de que será sempre bem-vindo entre nós. Rogo a Jesus que Ele o ampare para que não continue com a semeadura de ódio e venha a recolher o resultado doloroso desse seu plantio.

A entidade não respondeu, porque já tinha deixado o médium que lhe servia de intérprete.

Valêncio voltou a manifestar-se entre o grupo para infundir-lhes bom ânimo e a certeza da vitória do amor sobre o ódio.

– Prezados companheiros da jornada evolutiva. Que nossos corações possam continuar em paz depois da manifestação desse irmão, cego pelo ódio e dirigido pelo desejo de fazer justiça com as próprias mãos. Episódios como esse são frequentes no Universo de Deus, infelizmente. Através deles, podemos avaliar a sabedoria de Jesus a nos orientar que nos reconciliássemos primeiro com nossos adversários antes de nos dirigirmos ao templo para orar, como nos ensina o Evangelista Mateus. Reconciliar com o inimigo enquanto estamos em trânsito com ele para que o ódio não se perpetue e seja transferido para essa dimensão da vida. O drama que temos assistido do nosso irmão Reobaldo exemplifica bem esse problema. Segundo descreve, sofreu alguma injúria desse de quem deseja vingar-se e que está atualmente reencarnado, conforme ele mesmo nos revelou, ofensa essa que não recebeu a devida reparação e se prolongou para a dimensão espiritual da existência, exigindo um esforço muito maior do que aquele que seria necessário se a dívida tivesse sido quitada enquanto todos os envolvidos estavam encarnados. A nossa sorte é que a Misericórdia de Deus nunca se cansa ou desiste dos envolvidos e está sempre pronta para ser exercitada, conforme os acontecimentos vão ocorrendo.

– E a situação se agrava, irmão Valêncio, quando Reobaldo demonstra haver mais um Espírito envolvido nesse drama – colocou Mário.

– Nessas duas últimas manifestações dele em nosso grupo mediúnico, deixou bastante claro essa realidade ao referir-se a "ela", ou seja, a alguém do sexo feminino correlacionada com os acontecimentos que deram origem a esse triste cortejo a desfilar ódio e sentimento de vingança. Resta-nos continuar a fazer o que estiver ao nosso alcance para amparar a todos os envolvidos, sempre esperando e acreditando no auxílio dos planos maiores da Vida, sob a supervisão de Jesus.

– E quantos encarnados estão nessa situação e com o agravante de sequer cogitarem da existência dos Espíritos e suas participações em nossa vida, não é, irmão Valêncio? – voltou a considerar o senhor Mário.

– Exatamente, meu amigo. E isso agrava sensivelmente o problema. Quando duvidamos que a nossa casa possa receber a visita de um ladrão, descuidamos dos cuidados necessários e facilitamos que o furto ou o roubo aconteça. Os Espíritos são uma realidade incontestável da vida imortal e, como bem colocou o mestre de Lion, Allan Kardec, orientado pelas Entidades nobres que assessoravam o seu trabalho na obra da Codificação da Doutrina Espírita, esses Espíritos participam do nosso dia a dia a tal ponto que, muitas vezes, são eles que nos dirigem. Os que disso duvidam ou nem mesmo cogitam se transformam em vítimas perfeitas para a interferência do plano espiritual inferior. Se já é difícil solucionarmos os problemas sabendo dessa influência, imaginem ignorando essa realidade! Quantos desatinos não se consumam devido ao fato do encarnado ignorar a influência dos desencarnados, que continuam vivos e participativos nos acontecimentos da vida, seja em que plano for.

– Alguma recomendação sobre o caso de nosso André, irmão Valêncio? – indagou Mário, em nome de Eduardo e Vera, que viviam preocupados com o filho.

– Que prossigam com os recursos da Doutrina em favor dele. E que nossos amigos Eduardo e Vera procurem sempre se aprimorar mais em suas condutas pessoais e no relacionamento dentro do lar. Como sabemos, a luz espanta as trevas e a prática do bem distancia-nos do mal. Muitos obsessores são convencidos a desistirem de perseguir quando verificam a mudança real de atitude do perseguido. Conduzir os obsessores para o rebanho de Jesus e não procurar simplesmente afugentá-lo de nossas vidas.

– E quanto a Reobaldo, podemos esperar que ele não vai desistir facilmente devido à carga de ódio que demonstra e o desejo de fazer justiça com as próprias mãos – analisou Mário.

– Se aquele a quem odeia, e está reencarnado, fez alguma coisa muito grave a ele em existências anteriores, como parece, não desistirá tão fácil, com certeza. Vai procurar vingar-se, como já está tentando, e cada vez mais o fará. O ódio nunca se sente saciado. Quanto mais a sua vítima sofre, mais aquele que o alimenta é motivado a fazê-la sofrer ainda mais. Por isso, devemos esperar muitas tentativas para atingir o seu objetivo.

– Se me permite, irmão Valêncio, no caso dessa perseguição que Reobaldo alimenta contra esse desafeto do passado que está reencarnado, como ele mesmo informa, é possível que todos os familiares sejam agredidos por ele? – perguntou Mário.

– Que sabemos nós do passado em que esses Espíritos se envolveram com ele, amigo Mário? A Justiça de Deus é absolutamente perfeita. Nenhuma dor erra de endereço. Somente com o desenrolar do drama, que vamos acompanhando, poderemos entender melhor os acontecimentos. O importante é não nos afastarmos do exercício do amor. É recusarmos o convite a querer mal o Espírito que agride porque, no ontem de sua existência, foi, por sua vez, o agredido. Todos nós precisamos do perdão alheio no mecanismo de quitação de contas e pacificação de nossas consciências. Jesus, que nada devia à humanidade, tendo vindo com o objetivo de nos apontar o caminho, não recebeu toda a ingratidão dos homens? Não continua a receber essa mesma ingratidão quando agredimos nossos semelhantes? E quais foram as palavras Dele àqueles que estavam aos pés da cruz comemorando a sua aparente derrota? "Pai, perdoai-os porque eles não sabem o que fazem." Se Ele evocou o perdão abrindo mão de qualquer sentimento de ingratidão para com a humanidade, que direito temos nós de condenar aquele que nos agride sem conhecermos os caminhos que temos percorrido ao longo da difícil e acidentada estrada da evolução? Daí a importância de perdoar Reobaldo, para convencê-lo de que ele deve desistir da vingança, que esgota aquele que a pratica. Para convencê-lo de que jamais estaremos sendo felizes quando odiamos e infligimos o mal contra alguém. Todos nós estamos incluídos no pedido de Jesus ao seu Pai para que sejamos perdoados de nossos equívocos, porque Ele sabia muito bem que erraríamos muito até alcançar a perfeição possível de ser atingida. Reobaldo também está incluído nesse pedido Dele. Somente através do amor, poderemos equacionar o problema em questão. E será através do amor que extinguiremos o ódio que queima o ser de Reobaldo, que está buscando agredir a outrem, impondo-lhe justiça com as próprias mãos. Perseveremos em amar por mais que sejamos convidados a duvidar de tal atitude. A proposta do amor é exatamente vivenciá-lo em todas as situações e momentos de nossa existência. Muita paz!

Enquanto os componentes do grupo de trabalho do *Recanto de Luz* despediam-se naquela noite, após um trabalho abençoado, as estrelas pareciam contemplar, lá do alto do infinito, o drama que acometia o ser humano em busca da perfeição, para a qual fora criado.

Capítulo 19

NOVAS

Investidas

André submeteu-se ao tratamento sugerido pelo senhor Mário. O menino, entretanto, ainda apresentou o despertar agitado em determinadas horas da madrugada, por mais de um ano. Aterrorizado, corria para o quarto dos pais sempre com a mesma expressão de pavor: "Mamãe, o bicho!".

Ao completar os sete anos de idade, as crises foram se espaçando, e Eduardo e Vera puderam conhecer o retorno da paz ao lar. Porém, não por muito tempo.

– Sabe, Eduardo, creio que, se era um Espírito que atormentava o nosso André, finalmente foi convencido a deixar a nossa criança em paz.

– Creio que a prática do mal também cansa, Vera. Como o ódio parece que nunca se sacia, ele está sempre a exigir mais e mais e, nesse mecanismo, acaba por esgotar quem o cultiva.

— Acho que de tanto nos preocuparmos com o nosso filho, acabei por estressar-me demais e tenho tido dores de cabeça terríveis à noite, quase no mesmo horário em que André nos acordava.

— Pois, então, iremos ao médico amanhã mesmo! Por que não me disse isso antes?

— Porque tenho certeza de que foi o nervoso que passamos com André. Todo esse tempo de muitas preocupações com ele acabou por esgotar-me, e essa dor de cabeça resolveu me importunar quase todas as madrugadas.

— Amanhã, sem falta, iremos ao médico que sempre nos atende. Se ele achar que devemos procurar um neurologista, irá nos orientar nesse sentido. Com a experiência que tem em Medicina, não será difícil para ele fazer um diagnóstico do seu problema. O que não podemos é deixar as coisas acontecerem achando que seja por isso ou por aquilo. Combinados, então? Amanhã mesmo, arrumo um tempo no escritório para irmos ao médico.

— Está bem, meu amor! Essa família só lhe dá muito trabalho, não é?

Eduardo respondeu com um sorriso, um beijo carinhoso e um abraço afetuoso na esposa.

Enquanto isso, no plano dos desencarnados, Reobaldo não perdia tempo.

– Meus soldados! Esta noite, vamos fazer uma visita à nossa amiga Sílvia! A linda companheira de trabalho de Eduardo.

– Mas, *Chefe*! Não deu certo o plano de envolvermos os dois da outra vez! – atreveu-se a comentar um dos comandados.

– Você cala essa sua boca! O sexo é uma arma infalível, imbecil! Não precisa ser consumado, basta ser sugerido!

– Sugerido, *Chefe*?! Como assim?! – tornou a expressar-se confuso o Espírito dominado.

– Se ficar calado e observar mais, irá entender! O papel de burro é ouvir e não tirar conclusões! Não tem visto o que temos conseguido?! Já não demos algumas lições naquele covarde escondido em um novo corpo? Não deixamos os *vaga-lumes* desorientados em relação ao que temos feito? E ainda duvida do que eu posso fazer?

– Não, *Chefe* – respondeu submisso.

– Então, cale-se e aprenda!

Adentraram o quarto da jovem adormecida, cujo Espírito, parcialmente desprendido do veículo físico, estava próximo ao corpo. Era exatamente a situação que Reobaldo precisava.

– Continua ainda mais bela, minha *amiga*! – disse lisonjeiro à jovem que, em Espírito e ainda vaidosa, acusou o elogio.

Esperou poucos segundos para que suas palavras estabelecessem sintonia com ela, e continuou:

– Não creio que tenha desistido do belo companheiro de trabalho! Reparou como os primeiros fios de cabelos brancos deram-lhe um aspecto mais másculo, mais maduro e desejável?

Aguardou mais uns instantes e voltou à carga:

– Pois ele também continua a notar a sua beleza sem par, minha *amiga*!

A jovem sorriu lisonjeada.

– É questão apenas de não desistir! De voltar a cortejá-lo para tê-lo em suas mãos, por meio da sua beleza, que não sofreu nenhuma mácula, minha *amiga*! Você também deseja o mesmo! Aquela passageira derrota com a intromissão das filhas dele já passou, e o campo está aberto à sua vitória! Vamos voltar à luta para vencer? Estaremos com você!

Sílvia, em Espírito, absorvia as sugestões, que satisfaziam a sua profunda vaidade de mulher muito bela. Deixava-se envolver pelas sugestões de Reobaldo, que procurava implantar nela, quando despertasse no corpo, uma atração renovada por Eduardo.

— Então, minha amiga, quando acordar pela manhã, vai se vestir esplendidamente como você bem sabe fazer! Aquele vestido que realça o seu corpo formoso! Seus cabelos soltos sobre os ombros! A maquiagem discreta e aquele perfume de que ele tanta gosta, como já reparou em outras ocasiões. Ele não vai resistir, você verá. Não se esqueça das minhas sugestões de amigo que só deseja o seu sucesso junto ao homem cobiçado! – insinuava-se na mente de Sílvia, cujo corpo adormecido repousava no leito enquanto o Espírito absorvia as sugestões de Reobaldo.

O dia amanheceu trazendo a cada um seus compromissos. No lar de Vera e Eduardo, a conversa tratava da ida ao médico devido às fortes dores de cabeça que acometiam a esposa.

— Ficamos combinados dessa maneira, amor: vou ao trabalho, converso com meu chefe e peço um tempo para levá-la ao médico hoje mesmo. Você me aguarda já pronta?

— Obrigado, meu bem. Sim, estarei pronta assim que puder. Mas não se preocupe. Foi o estresse que passamos com André durante esse período todo.

— Pode ser que sim, mas precisamos tomar os cuidados que nos cabem.

Beijou a esposa e dirigiu-se ao local de trabalho. Chegou antes de Sílvia, que se preparava primorosamente para aquela manhã. A jovem não sabia o porquê, mas pensava muito em Eduardo. Desde os últimos acontecimentos, que quase culminaram com um encontro mais íntimo, nunca mais se aproximara dele, que se demonstrava arredio aos olhares dela. Mas, naquela manhã, acordara diferente. Sentia que era o momento para uma nova aproximação. "Quem sabe depois daquele intervalo, desde que não dera certo uma conversa mais reservada, ele não estaria disposto a reiniciar alguma aproximação?" – pensava Sílvia. Caprichou na roupa, no penteado, na maquiagem discreta e no perfume fatal! Eduardo estava em sua mesa de trabalho. Já havia explicado ao chefe o motivo pelo qual precisava sair um pouco naquela manhã, para levar a esposa ao médico. Ligara logo cedo do trabalho e agendara a consulta com o facultativo da sua confiança. O patrão não se opôs, pois compreendeu a preocupação de Eduardo, que era um funcionário eficiente e confiável. Tão responsável se mantinha aos seus deveres, que resolveu pedir a Sílvia que cuidasse de algum acontecimento mais urgente em sua ausência. Ela entrou no ambiente de trabalho deslumbrante! Que homem não repararia naquela beleza sensual? Sentou-se à sua mesa e buscou com o olhar o companheiro de trabalho. Eduardo, que aguardava ansioso a chegada dela para lhe pedir o favor de uma cobertura em seus serviços, enquanto levava Vera ao médico, cruzou o seu olhar com o dela. Levantou-se e se dirigiu até onde Sílvia se encontrava. Ela sorriu discretamente e aguardou. "Será que ele também levantou com os mesmos pensamentos sobre nós?" – perguntava-se, antevendo o sucesso da investida dessa ocasião.

– Bom dia, Sílvia. Como está hoje?

– Bom dia, Eduardo. Estou ótima! Deseja alguma coisa? – perguntou com um certo tom de malícia na voz, que Eduardo não percebeu, preocupado que estava com a esposa.

– Precisava de um favor seu, minha amiga.

– Claro! Os amigos servem para essas ocasiões. Em que posso ajudá-lo? – disse, expondo as pernas bem torneadas que o vestido permitia ver.

Eduardo relanceou os olhos pela beleza da jovem. "Está linda e tentadora como sempre! Ah! Se não fosse pelos ensinamentos da Doutrina Espírita, já teria feito uma besteira!" – pensou como num relâmpago.

Porém, retornou ao motivo da aproximação:

– É que minha esposa precisa ir ao médico e vou acompanhá-la. Já falei com o nosso patrão, e ele me autorizou. O que preciso é que atenda algum acontecimento mais urgente que possa surgir no meu setor enquanto eu estiver fora. É possível fazer isso por mim, minha amiga?

– Se pagar antes...

– Como assim?! Não entendi!

– Não fique preocupado, bobinho – disse ela, colocando uma das mãos sobre a mão dele. – Apenas um beijinho na sua amiga.

– Mas, Sílvia?! O que poderão pensar?! Estamos em pleno trabalho!

– Acalme-se! Nada comprometedor. Apenas uma beijoca aqui na minha face. Um beijo de amigo para amiga. Só isso!

Reobaldo vibrava com a situação. Percebia a tentação que a moça representava para Eduardo, que lutava intimamente para não se render. "Mas minha intenção no dia de hoje é outra! Vamos, Eduardo! Dê um *inocente* beijo em sua amiga, como gratidão!" – dizia ele para si mesmo ao contemplar a situação em que o moço se encontrava. Olhos de outros funcionários presenciavam a cena e era exatamente esse o plano do Espírito obsessor.

– Mas, Sílvia!...

– Vamos lá, Eduardo! O que é isso? Parece uma

criança insegura! Quantas vezes não expressamos carinho entre nossos colegas com um simples beijo?! – voltava à carga a moça, que percebia o fascínio que exercia sobre o rapaz.

Não teve jeito. Eduardo beijou-a fugazmente em uma das faces, agradeceu e partiu o mais rápido que pôde para buscar a esposa.

Enquanto isso, Reobaldo já estava localizado ao lado da pessoa que, no mesmo ambiente, vigiava a atitude dos dois jovens colegas de trabalho. Ele aproveitou para exercer a sua influência negativa na mente dessa pessoa, que estava receptora às suas sugestões.

– Reparou bem como ele está apaixonado, perdidamente, por ela?! – insuflava mentalmente em sua nova vítima o Espírito.

Depois, gargalhando e esfregando vitoriosamente as mãos, ordenou aos seus comandados:

– Vamos! Nada mais temos a fazer aqui.

– Mas, *Chefe*? Os dois não vão sair juntos? – perguntou um dos subordinados.

– Não. Dessa vez, o estrago vai ser de outro jeito! Aguarde pra ver!

Uma hora depois, Eduardo e Vera conversavam com o médico de confiança.

– Estranha essa sua dor de cabeça, Vera! Só aparece de madrugada?! Creio também tratar-se de preocupações com André. Façamos o seguinte: vou solicitar todos os exames que o caso requer para ficarmos tranquilos. Enquanto isso, vou receitar um analgésico mais forte já que as medicações comuns não fazem efeito, como você deixou bem claro.

– Que bom que o senhor também pense não ser nada mais grave, doutor – comentou, feliz, Eduardo. – Como dizem que de médico e de louco todo mundo tem um pouco, penso como o senhor: Vera está muito cansada com os problemas que André apresentou durante um bom período. Isso a esgotou e está causando-lhe essa dor sem causa aparente, vamos dizer assim.

– E o menino, como está? – perguntou o médico amigo.

– Está bem mais calmo, doutor. Sei que o senhor não acredita nessas coisas, mas fizemos um tratamento nele lá em nosso Centro Espírita, já que o pediatra nada encontrou que justificasse a agitação de nosso filho.

– Não acredito, mas respeito as convicções alheias, Eduardo. Como disse o poeta: *existem mais coisas entre o céu e a terra do que pode supor a nossa vã filosofia*! Caso os exames não revelem nada, quem sabe Vera também não poderá consultar lá, com os *médicos do outro mundo*! – disse o médico a sorrir e batendo com ambas as mãos na mesa do consultório.

O casal despediu-se mais aliviado. Eduardo deixou a esposa em casa e retornou ao trabalho a fim de cumprir o seu horário de serviço. E lá estava ela, Sílvia, que não perdeu tempo, aproximando-se da mesa do companheiro com o pretexto de obter notícias da sua esposa.

– E aí? Como foi lá no médico, Eduardo? Boas ou más notícias? – perguntou, aproximando-se provocantemente da mesa de trabalho dele.

A distância era tão curta que o perfume dela era perfeitamente perceptível. Reobaldo estava presente outra vez. "Isso, minha *amiga*! Dê atenção a ele, que está muito preocupado! Demonstre o seu apoio de alguma forma mais concreta! Que tal colocar suas mãos macias no ombro dele? Essa atitude deixará sua solidariedade mais intensa!".

Dominada pela vaidade, Sílvia não titubeou e apoiou uma das mãos sobre o ombro de Eduardo para falar languidamente:

– Sabe que pode contar comigo quando precisar, e da forma como precisar!...

Rapidamente, Reobaldo postou-se ao lado da pessoa que insuflara da outra vez para observar a conversa entre os dois e continuou suas sugestões: "Se tinha dúvidas de que exista algo entre eles, cada vez fica mais evidente essa realidade! Coitado! Não tem culpa! Afinal, ela é uma mulher lindíssima!"

Sílvia, após demonstrar toda a sua solidariedade, dirigiu-se de maneira insinuante para a sua mesa, deixando bem realçada a sua perigosa beleza e graça.

Eduardo acompanhou-a um pouco com o olhar e, depois, baixou a cabeça, meneando-a negativamente, como se refugasse algum pensamento inconveniente. Os mesmos olhos os observavam, acatando as sugestões mentais de Reobaldo. A maledicência estava lançada e daria frutos rapidamente.

Na mesma noite, após o jantar, o telefone da casa de Eduardo tocou, e uma das filhas atendeu.

– Mamãe! É pra senhora!

– Disse quem é, minha filha?

– Não. Apenas que é uma amiga sua!

Vera enxugou rapidamente as mãos, que providenciavam a limpeza dos recipientes do jantar e atendeu ao telefone:

– Alô?

– Boa noite, amiga – respondeu uma voz desconhecida de Vera, do outro lado da linha.

– Quem é, por favor?

– Como você verá, pelo que vou revelar, trata-se apenas de uma amiga.

– Mas...

E, rapidamente, antes que Vera completasse a frase, a pessoa completou:

– Seu maridinho anda de caso com uma colega de trabalho, meu amor! Pergunte a ele sobre uma linda colega chamada Sílvia.

E desligou rapidamente o telefone.

Vera retornou para a cozinha, perguntando a si mesma o que estava acontecendo em sua casa, na sua vida. "Primeiro o problema com André. Depois a minha dor de cabeça sem causa aparente, e agora esse telefonema insinuando uma traição de Eduardo?!" – cogitava, absorta em seus pensamentos. A atitude da esposa não passou despercebida ao marido, que perguntou enquanto ela passava pelo local onde ele estava:

– Quem era ao telefone, Vera? Você parece que ficou transtornada.

— A pessoa não quis revelar o nome. Disse apenas que era uma amiga – respondeu, reticente.

— Uma amiga? Mas o que ela falou para que você ficasse estranha dessa maneira?!

— Sugeriu que eu perguntasse a você quem é uma moça muito bonita, sua colega de trabalho, que se chama Sílvia... Diz alguma coisa para você, Eduardo?

E continuou em direção aos seus afazeres da noite.

Capítulo 20

Problemas...

UM TURBILHÃO DE PENSAMENTOS ASSALTOU DE UMA só vez a mente de Eduardo. Os registros anteriores, em que quase se envolvera gravemente com Sílvia, associaram-se aos acontecimentos daquele dia. "Bem que eu fiquei cismado quando Sílvia me pediu um beijo de amigo!" – pensava ele. "Alguém viu e, com certeza, tirou conclusões, fruto do julgamento precipitado dessa pessoa!" – continuava a pensar. "E, ainda por cima, levara a intriga adiante, a ponto de ligar para a minha esposa!" – atormentava-lhe a consciência. Resolveu esclarecer a situação e procurou pela esposa na cozinha.

– Vera. Existe, sim, uma colega de trabalho de nome Sílvia. Não nego que é uma moça muito bonita e que atrai a atenção de qualquer homem. Conversei com ela hoje para que me desse uma cobertura em meu setor quando saí para levá-la ao médico. Como a maldade humana está em todo e em qualquer lugar, já interpretaram minha conversa com ela de maneira errada. Fico espantado com a atitude dessa pessoa em ligar para você e sugerir coisas que não passam da imaginação doentia de quem fez o telefonema. Tenho você, as meninas e a minha religião. Ser hipócrita e dizer que ela não é uma mulher bonita, não vou ser. Como disse anteriormente, Sílvia chama a atenção de qualquer homem normal, mas daí a concluir que tenha acontecido alguma coisa entre a gente já é consequência da maldade humana.

– Mas você há de convir que, para essa pessoa que ligou ter esse atrevimento, já deve estar observando vocês há algum tempo. Não pode de uma única conversa ter deduzido que existe um envolvimento entre vocês!

– Meu contato com Sílvia é diário. Trabalhamos na mesma seção. Conversamos, sim, sobre problemas que envolvem nossas áreas. Ela é uma mulher provocante porque tem consciência dos seus atrativos. Se você for perguntar a todos os homens que trabalham lá na firma, tenho a certeza de que não existe nenhum que não tenha percebido isso.

– O estranho é que ligaram justamente para

mim! Ou será que outras esposas também já receberam um telefonema como esse, sugerindo o envolvimento de seu marido com ela?

— Não sei lhe responder isso. Você já pensou na hipótese de que quem ligou não gostar da minha pessoa por algum motivo e ter se aproveitado da situação para fazer intrigas?

— Pode até ser, Eduardo. Mas troque de posição. Suponha que alguém tivesse ligado para você sugerindo que eu estivesse tendo um caso com outra pessoa. O que você sentiria?

— Entendo e não tiro a razão de você, Vera. Tem todo o direito de estar muito chateada e desconfiada de mim. Se quiser alguma prova que a convença do contrário, é só dizer que providenciarei.

Eduardo não estava sendo hipócrita. Sua consciência tinha o registro da ocasião anterior, quando quase falira perante seus compromissos junto à esposa e às filhas e fora salvo pela chegada das meninas, no momento exato em que iria sair com Sílvia. "Só que — raciocinava ele — o acontecimento do passado tinha servido como uma alerta sobre a possibilidade de sucumbir às imperfeições que trazemos dentro de nós ao longo da marcha evolutiva. Além disso, Kardec definira o verdadeiro espírita como aquele que luta contra as imperfeições para ser melhor a cada dia e não como uma pessoa já perfeita que nada tem a modificar" – continuava a pensar enquanto conversava com a esposa.

"Se revelasse esse acontecimento do passado, suas chances de seguir fiel com o casamento estariam praticamente liquidadas e, como sua real intenção era continuar dedicado a Vera e aos filhos, omitiu o ocorrido já que tinha absorvido as lições e se corrigido em tempo" – continuava ele a raciocinar. "Se fosse perfeito, não estaria mais reencarnado na Terra. O importante era cair e levantar-se e não ficar entregue ao remorso, anulando as possibilidades de melhora do presente" – era o raciocínio que o levara a não revelar essa sua fraqueza anterior. "Se estava errado, submetia-se ao julgamento da Providência Divina, mas, em nível consciente, essa era a decisão mais acertada para o momento. Vera já estava com problema de saúde, além das dificuldades enfrentadas com André. Não iria acrescentar mais dificuldades no dia a dia deles, abordando os acontecimentos anteriores e que, felizmente, não haviam sido consumados. Agia com as melhores das boas intenções para proteger o seu casamento e se entregava às consequências futuras, pelo fato de não mencionar o anteriormente ocorrido entre ele e a colega de trabalho" – raciocinava de maneira extremamente rápida. "Iria ter muito cuidado daquele dia em diante, em seu relacionamento com Sílvia no escritório, para não dar margem a interpretações erradas. Com certeza, a pessoa que havia telefonado para Vera continuaria a observá-los e aproveitaria as mínimas chances para alimentar as suas maldades" – concluiu, acalmando seus pensamentos. "Estava disposto a prosseguir ao lado da esposa e dos filhos. Da mesma forma, continuaria trabalhando na Doutrina Espírita, que lhe dava forças nos momentos de fraqueza. Duvidava que a imensa maioria dos homens nunca tivesse sentido atração por uma mulher com os encantos de Sílvia. No entanto, não podia deixar de considerar que nada acontecera e que poderia ser tudo diferente, como estava sendo desde a primeira ocasião em que quase consumara a atração que sofrera por parte dela. Se chegara a cair, não desejava continuar no chão, perante a própria consciência!" – pensou e ficou aguardando pelas palavras da esposa.

– Depois conversaremos sobre esse telefonema, Eduardo. Vamos cuidar dos problemas mais aflitivos do momento, que são os que envolvem o nosso filho, e esclarecer a causa dessa minha dor de cabeça. Mais tarde, poderemos conversar com mais calma e longe da emoção do momento.

Eduardo aproximou-se da esposa, beijou-a na face e foi verificar se tudo estava em paz com André, que se preparava para dormir.

– Como julgar melhor, Vera.

Após uma semana, e com os exames realizados,

o casal retornou ao consultório do médico. Para evitar outras fofocas em relação a ele e a Sílvia, marcaram a consulta no dia de sábado, no qual Eduardo estava liberado de seu compromisso junto ao trabalho.

— Bem — disse o médico —, como já esperava, nada foi revelado pelos exames, Vera. Não existe nada em seu organismo que justifique essa estranha dor de cabeça apenas de madrugada. O que posso fazer é passar uma medicação para o período da noite, quando for dormir, para que não seja importunada por essa dor. Sinceramente, a Medicina não explica como pode senti-la apenas de madrugada e passar o restante da noite e do dia sem nenhum sintoma. Além de não ter nenhum outro sintoma que possa revelar alguma coisa errada em seu corpo. Resta-nos a utilização da medicação e continuar aguardando se vão surgir ou não outras pistas que possam orientar para alguma situação mais preocupante. No momento, não existe nada nesse sentido.

O casal despediu-se do médico, agradecendo pela atenção. Enquanto isso, a caminho de casa, dialogava:

— Que coisa mais estranha, Vera. Sabe o que sou capaz de pensar, com o cuidado de não cair no fanatismo ou tudo atribuir aos Espíritos voltados ao mal?

– Creio que sim. Você acredita que, talvez, estejamos sendo visitados por algum deles, que resolveu eleger a nossa casa como o local da satisfação de sua ação malévola.

– É isso mesmo. Sei que não devemos atribuir todo acontecimento aos desencarnados, mas nada foi encontrado em André, que só melhorou com o tratamento no *Recanto de Luz*. Agora você, com essa dor de cabeça sem causa detectável. É uma explicação que sou obrigado a cogitar.

– E o Mentor da Casa não poderia esclarecer alguma coisa sobre isso?

– Valêncio é muito discreto. Sempre orienta que devemos nos manter firmes em nossa fé. Não concorda com essa atitude de ficar perguntando as coisas aos Espíritos. Sempre orienta que o plano espiritual, quando julga necessário, manifesta-se sem ser solicitado. Não se posiciona a favor da atitude de determinadas Casas Espíritas de manter uma espécie de consultório aberto vinte e quatro horas à disposição dos encarnados que desejem se consultar com os Espíritos. Devemos confiar e continuar fazendo a nossa parte, pois o socorro sempre estará a caminho, porque Deus não precisa ser informado do que está acontecendo conosco, já que tudo sabe e a tudo provê.

– É um raciocínio lógico o dele. É que os encarnados não gostam de sofrer e acabam se achando injustiçados diante do sofrimento, questionando o porquê dos acontecimentos – argumentou Vera.

Mal chegaram a casa, e a empregada que os servia gritou, desesperada, para o casal:

– Dona Vera! O André está passando muito mal!

– O que foi?! O que está acontecendo?!

– O menino está caído no chão, debatendo-se muito!

Os pais correram para o quarto da criança e encontraram o filho em plena crise convulsiva. Sem perda de tempo, colocaram-no dentro do carro e seguiram rapidamente para o Pronto-Socorro do Hospital em que o pediatra de André trabalhava. Após todas as providências que a emergência exigia, o médico conversou com Eduardo e Vera.

– O menino estava com febre por algum problema? Não me comunicaram nada!

– Não, doutor. André estava muito bem quando deixamos a casa para que eu e Vera fôssemos verificar com o médico dela o resultado de exames que ela fez. Quando chegamos, a senhora que trabalha em casa estava desesperada com o menino caído ao chão e convulsionando!

– Bem. A urgência já foi atendida. Vou entrar

em contato com um colega neurologista e pedir a ele que procure pela causa do problema que vitimou André. Quando tiver o resultado, entrarei em contato com vocês novamente. Por ora, a criança permanecerá internada por uma questão de segurança. Podem se descontrair porque está tudo sob controle agora.

Despediu-se do pai e foi procurar pelo colega de profissão na área da neurologia.

Enquanto isso, Eduardo e Vera ficaram, em silêncio, no quarto com o filho. Foi o pai quem resolveu conversar sobre o assunto.

– Vera, parece que as coisas caminham em direção ao que conversávamos no caminho de casa. É inacreditável como isso aconteceu com André! Ele deitou-se sem nenhum problema ontem a noite. Ainda fiz a oração com ele, contei uma história que me pediu e adormeceu em paz! Não tinha absolutamente nada!

– É parecido ao que está acontecendo comigo, Eduardo. Também não tinha nada e me apareceu essa dor de cabeça sem causa! Como você disse, não podemos ser fanáticos de tudo querer atribuir aos Espíritos, mas que somos obrigados a pensar nesta hipótese, não restam dúvidas. Entretanto, vamos aguardar os exames que o médico neurologista vai solicitar, antes de sermos radicais em nossas conclusões.

– Você está certa, amor. Vamos prosseguir com a Medicina da Terra e confiar no auxílio dos amigos espirituais. Bem ponderado, Vera.

André teve alta no dia seguinte, e, em curto espaço de tempo, os exames realizados para identificar a causa do problema apresentado pela criança nada revelaram, conforme o pediatra explicava aos pais.

– Felizmente, os exames realizados pelo colega neurologista não detectaram nenhuma causa para a convulsão apresentada por André. Está tudo bem com ele, fisicamente falando.

– Mas, doutor! Tem de existir uma causa, como o senhor bem sabe, não é? – colocou Eduardo.

– A Medicina já tem ciência de várias doenças em que as causas não são bem definidas ou, até mesmo, desconhecidas, Eduardo. Ou não são bem definidas ou ainda não dispomos de recursos para defini-las. Você disse bem: tem de haver uma causa, mas, em algumas ocasiões, não conseguimos detectá-las. Vocês mesmos passaram por isso com André quando ele teve aquele problema de acordar à noite falando sobre o tal de "bicho" que ele via. Não encontramos o motivo para o problema naquela ocasião. Encontraram lá?

— Como assim, doutor, "lá"? – perguntou Vera, sem entender a colocação do médico.

— Lá naquele lugar onde vocês têm o costume de ir. Lá naquele tal de Centro Espírita...

Eduardo sorriu com a colocação do médico, que parecia ter um certo receio em se comprometer, na sua posição, ao se referir aos Espíritos e espíritas.

— Não, doutor. "Lá" também não nos disseram nada. Apenas realizamos o tratamento espírita com passes e água fluidificada, e André acabou acalmando-se, felizmente.

— Então!... – disse reticente o pediatra.

— Então o quê, doutor? – perguntou dessa vez a mãe.

— Por que não tentam de novo naquele lugar? Quem sabe?

Eduardo voltou a sorrir com a colocação do médico.

— Doutor! Acho que o senhor está curioso, querendo dialogar com os seus colegas do outro lado da vida! – colocou, brincando, o pai de André.

— Não, não! Isso é problema de vocês! Não me envolvam com isso, por favor! – disse o pediatra, batendo na mesa de madeira.

– Não se preocupe, doutor! – disse Eduardo. – O senhor não precisa ir "lá", porque os bons Espíritos vão a todo lugar onde existam pessoas bem-intencionadas como o senhor. Eles vêm aqui auxiliá-lo!

– Bem. Vamos mudar de assunto e falar sobre André – disse o médico, que não gostava de abordar o assunto religião, principalmente sobre Espiritismo e Espíritos. – Ele está medicado para que uma nova crise não se repita. Iremos acompanhá-lo, eu e o neurologista e, assim que estiver tudo bem, suspenderemos a medicação para que André retorne à vida normal de antes.

Cumprimentou os pais e se despediu cordialmente o médico pediatra, que já estava meio sem jeito com o rumo da conversa sobre as coisas daquele lugar que ele considerava estranho e que Eduardo e Vera frequentavam. "Lá era o lugar deles. O seu, como médico, era dentro do consultório e do hospital" – pensava, enquanto se sentia aliviado com a ausência dos pais e o encerramento da conversa sobre "aquele lugar"!

Capítulo 21

PERSISTINDO NO
Mal

Eduardo conversava com o senhor Mário num mecanismo de desabafo pela sequência de problemas em sua casa, junto aos familiares.

— Pois é isso, senhor Mário. Parece que elegeram o meu lar como o local para os ataques, que também foram direcionados contra o *Recanto de Luz*. Mal resolvemos um problema e logo surge outro, como se existisse um mecanismo antecipadamente preparado para dar sequência ao surgimento de problemas.

— Você e Vera terão de ser muito fortes em sua confiança em Deus e no auxílio dos Espíritos amigos, principalmente se tiverem um desafeto do passado, por motivos que desconhecemos. Afrânio ilustra bem o caso para o nosso estudo. Reobaldo primeiramente julgou que o seu perseguido estivesse conosco, escondido em algum lugar. Como não o encontrou, passou a caçá-lo com o auxílio dos seus comandados. É um termo forte esse que empreguei – caçar – mas corresponde ao ódio de Reobaldo por ele. Como já era de se esperar, assim que descobriu onde Afrânio se encontrava reencarnado, voltou a sua fúria contra ele, segundo a descrição dele mesmo, como pode também procurar atingi-lo através de outras pessoas do mesmo lar ou, até mesmo, por meio de pessoas estranhas à família. O ódio é cego para atingir os seus propósitos. Aquele que odeia, na intensidade que Reobaldo revela em suas manifestações através dos médiuns, é capaz de se utilizar de qualquer caminho para chegar até a sua vítima.

– Entendo. Mas até contra os outros familiares, que não tenham feito nada a ele?

– O ódio é cego, Eduardo. Quem odeia se assemelha a alguém que, de arma em punho, atira a esmo, fira a quem ferir. O que importa é causar sofrimento seja a quem for. De tal maneira, que você, Vera, André e as meninas poderão se transformar em alvos para que um obsessor exerça o seu ódio contra quem quer que seja dentro da sua casa. Ainda bem que as meninas não foram atingidas. Pelo menos por enquanto. Por isso lhe falei, no início, que é preciso muita fé e paciência, na certeza do socorro divino para todos os envolvidos. O obsessor também faz parte do socorro proporcionado pela Misericórdia de Deus. Com certeza, os planos maiores da vida, cientes do que acontece, estarão arquitetando alguma maneira de abrandar o coração de Reobaldo, harmonizando a todos.

– Acredito que sim, senhor Mário, mas não vai ser fácil pela violência que ele revela em seus sentimentos quando se comunica em nosso grupo.

– Existir não é fácil, Eduardo. Caminhar pela estrada evolutiva em busca da perfeição não é uma caminhada fácil. Se fosse, a maioria dos Espíritos já viveria em paz. No entanto, por ser difícil não significa que seja impossível, porque para Deus tudo é possível. Os Espíritos dos planos maiores da vida seguem a determinação Dele e haverão de encontrar uma solução que traga a paz ao coração de todos, não duvide disso.

Algum tempo após essa conversa, o grupo estava reunido para mais uma oportunidade de socorro aos Espíritos desencarnados e, porventura, a encarnados também.

Valêncio se manifestava antes das outras comunicações.

– Prezados irmãos. Cada vez que assistimos a um ato de violência entre encarnados ou desencarnados, ou ainda entre esses e aqueles, podemos entender, ainda que palidamente, a recomendação de Jesus ao entrar em um lar e desejar que a paz esteja naquela casa. Digo entender palidamente, porque as palavras Dele eram de tal profundidade que, até hoje, não conseguimos compreendê-Lo em toda a sua extensão e abrangência. Quando encarnados se agridem, comportando-se muito distantes do "amai-vos uns aos outros", entendemos como ainda estamos longe da paz. Quando tomamos conhecimento dos processos obsessivos, vitimando desencarnados e encarnados, podemos apreciar como essa mesma paz seria bem-vinda. Por isso, desejo a todos os nossos companheiros do querido *Recanto de Luz* muita paz em nossas reuniões, em seus lares e na convivência fraterna que temos a oportunidade de exercitar nesses nossos encontros e reencontros sempre fraternos. Que a paz de Jesus possa asserenar nosso coração para que possamos servi-Lo cada vez mais e melhor.

Valêncio desligou-se da mediunidade e postou-se ao lado de Mário para transmitir-lhe sugestões nas comunicações que se seguiriam naquela noite.

– Ah! Aí estão os servidores dos *vaga-lumes* reunidos mais uma vez, acreditando que são muito poderosos! – manifestou-se um Espírito.

– Seja bem-vindo, meu irmão! Como nos ensinou, nas suas primeiras palavras da noite de hoje, nosso Mentor, desejamos a você também muita paz!

– Pois podem ficar com a minha parte! Não quero essa tal de paz, característica dos vencidos! Quero justiça! E justiça com as minhas próprias mãos! – respondeu a entidade.

– Seria, por acaso, o irmão Reobaldo? – perguntou Mário.

– Reobaldo, sim! Irmão, amigo ou coisa semelhante, nunca! É bom que se convença disso logo para não continuar nessa sua ladainha, que já me cansou!

– Infelizmente, ainda não percebeu que esses seus sentimentos estão mantendo um clima de sofrimento para você também, pelo que vejo – argumentou Mário.

– Isso é opinião sua! Não é o que eu sinto! Aliás, cada vez mais tenho a certeza da vitória contra aquele covarde que vocês esconderam em um novo corpo!

– Nosso irmão Afrânio está reencarnado por determinação da Providência Divina, Reobaldo, e não por uma decisão nossa. Da mesma forma, todos voltaremos a um novo corpo, a recolher da vida o que na vida semeamos. Isso não o preocupa?

– Se eu acreditasse nessa sua história, estaria

morrendo de medo! Mas, como sou eu quem decide sobre o que quero ou não para mim, não ligo nada para essa sua tentativa de intimidação! E reafirmo a minha justiça contra aquele que me prejudicou muito quando pôde. Vou castigá-lo durante toda a vida para que pague o que me deve em suaves e eternas prestações! – disse o Espírito, gargalhando através do médium.

– E isso o faz feliz ou o transforma em prisioneiro dessa sua determinação, Reobaldo? Só pensa nele, e o sentimento de vingança não lhe proporciona a paz!

– Paz é uma necessidade para os covardes! Para aqueles que desistiram da luta! Para os vencidos! Eu sou um vencedor! Não preciso dessa sua tal de paz!

– Insisto para que observe a situação de que não é feliz, meu amigo! Vive perseguindo e é perseguido pelo sentimento de vingança! O ódio cria um círculo vicioso, e a criatura acaba perseguindo a si mesma. Entregue para as Leis de Deus a justiça de que tanto fala para que possa pensar um pouco mais em você mesmo e menos naquele que absorve todo o seu tempo e toda a sua atenção. Vive em função de outro ser e se nega o direito de pensar em você mesmo!

– Pelo contrário! Vocês que fazem a opção pela

covardia não têm noção de quanto o desejo de justiçar com as próprias mãos nos faz feliz, dá um sentido para a nossa vida, nos faz sentir vivos e com um objetivo para viver! Já os covardes recolhem-se no interior de uma espécie de concha denominada de resignação, desistência da luta e se entregam à derrota!

– O verdadeiro vencedor, Reobaldo, é aquele que vence a si mesmo, às suas fraquezas, às suas imperfeições que, por sua vez, convidam-nos à vingança e a odiar, meu irmão!

– Chega! Já vem você de novo com essa sua conversinha de irmão, de amigo, e eu já disse que não sou nada disso! Encontrei o maldito escondido em outro corpo e vou fazê-lo pagar tudo o que me deve! E tem mais! Não sei ainda exatamente por que, mas sinto um prazer muito grande em causar problemas àquela mulher que o recebeu como filho! Quando não estiver acertando as contas com ele, estarei importunando a ela, que teve o atrevimento de escondê-lo em um novo corpo! De certa forma, ela também colaborou com vocês para roubarem o meu prisioneiro! Em sendo assim, tenho contas a acertar com ela também!

– Está vendo como o ódio é insaciável, Reobaldo? Agora já não basta mais causar problemas a Afrânio reencarnado. Está voltando-se contra a mãe dele também. E, em cada sentimento de vingança que permite brotar em seu coração, tem um obstáculo a mais para vencer em direção à conquista da paz e da felicidade, para a qual você foi criado por Deus.

– Está achando muito?! O pai é um servidor dos *vaga-lumes* como você! Já tivemos alguns encontros, que ele não sabe! Mas voltarei à carga contra ele também. Tenho uma arma secreta belíssima, à qual ele já quase sucumbiu! É só uma questão de tempo, e o arrastarei para baixo!

– Está confirmando mais uma vez o que eu lhe disse há pouco! Sua coleção de pessoas odiadas, as quais se transformam em seu alvo apenas o aprisionam ainda mais a elas! Não consegue ter um momento sequer para pensar em você mesmo. Para planejar ser feliz, meu amigo! Vive em função daqueles a quem odeia!

– Já escutei besteiras demais! Já perdi meu tempo com vocês, bando de vencidos! Chega! Só vim mesmo para falar sobre minhas vitórias! Vou dar a eles todos o que merecem! E a vocês também, covardes servidores do perdão e desse tal de *amor*!

Dizendo essas últimas palavras, afastou-se da mediunidade. Mário pediu a manutenção das vibrações de amor em favor daquele Espírito que recalcitrava contra o bem.

Valêncio retornou a utilizar um dos médiuns presentes, através da psicofonia.

– Prezados irmãos e amigos, companheiros de jornada, Reobaldo, na realidade, é um professor nosso. Entendemos que a primeira ideia que ele nos inspira, se nos descuidarmos, é o de repreender a sua disposição para a vingança, para a sua capacidade de odiar. Mas, repetimos, ele se transforma, ao persistir nesta posição, em um professor que nos alerta exatamente para aquilo que não devemos fazer. Como não devemos nos comportar. Que sentimentos não devemos permitir que nasçam e ganhem força dentro de nós mesmos. Os irmãos que caem na estrada da evolução apontam-nos as pedras que todos nós podemos encontrar pelo caminho. Onde podemos, da mesma forma que eles, vir a tropeçar. Por isso, destacamos essa sua posição transitória de nosso professor naquilo que não devemos nos permitir ser. E qual é o remédio seguro para isso? O que Jesus nos ensinou: o amor incondicional! O amor espanta o ódio. O amor apaga o fogo da vingança mesmo quando ainda existir como uma simples brasa a convidar-nos aos desatinos que Reobaldo nos ilustra de forma lamentável. Como já destacamos anteriormente, o agressor de hoje não deve ser condenado, em análise apressada, naquilo que se permite fazer. É preciso remontar ao passado. Analisar a longa caminhada que temos feito até o momento presente. Os afetos e desafetos do passado longínquo ou mais próximo para identificarmos o nascedouro das atitudes presentes. Reobaldo não mente ao afirmar que Afrânio o prejudicou em algum local e tempo em que conviveram, em passado distante. O agressor de hoje amava apaixonadamente a uma jovem que o queria bem, sem corresponder, entretanto, com a mesma intensidade, ao amor que ele lhe dedicava. Como não havia reciprocidade nesse sentimento que Reobaldo dedicava à sua noiva, existia uma pequena porta aberta, por onde Afrânio se introduziu para insinuar-se à eleita do agressor de hoje. Afrânio acabou se apaixonando pelos dotes da donzela, sentimento diferente do seu opositor, que a amava perdidamente. Sabemos, pelos ensinamentos da Doutrina Espírita, a diferença entre o amor e a paixão. O primeiro constrói, renuncia em favor da pessoa amada, nada exige, compreende, serve e tudo faz, mesmo quando não correspondido. O segundo sentimento, a paixão, é egoísta, exige, toma posse do outro, e tudo faz para ser satisfeito, sem se preocupar com os sentimentos alheios. Afrânio apaixonou-se por aquela que se chamava Helena. Reobaldo a amava perdidamente. E como a paixão nos Espíritos menos evoluídos cresce como labareda voraz, Afrânio conseguiu separá-la de Reobaldo, que se entregou a profunda melancolia. Adoeceu na alma. E, se dedicava amor a Helena, passou a nutrir ódio em relação a Afrânio. Indiferentes aos sentimentos do perdedor, o jovem casal consumou o sonho de ficarem juntos naquela existência. Reobaldo, ao constatar a sua derrota definitiva, entregou-se ao cultivo do ódio contra o opositor. Foi mais adiante. Como era um Espírito limitado em sua evolução, não conseguiu sublimar o amor que sentia por Helena e passou a odiar também a mulher que não lhe correspondera os sentimentos. Arrastou-se pela existência que não via a hora de terminar. Abandonou a vida no sentido de objetivos maiores e colocou-se na posição de odiar a ambos. Afrânio e Helena acabaram por ter filhos, o que atingiu mais ainda a Reobaldo, que passou a considerar que poderia ter sido ele o pai das crianças se não fosse a intromissão de seu concorrente. Quando o casal deixou o pequeno povoado onde vivia, Reobaldo perdeu sua última motivação: ver, mesmo que de longe, a mulher que tinha sido o foco dos seus sonhos. Como não podia acompanhá-los devido à dificuldade financeira em que se encontrava, por ter abandonado tudo, decidiu colocar um ponto final em sua vida sem mais objetivo nenhum. A partir do momento em que deu guarida à ideia do suicídio, atraiu Espíritos desejosos de que o ato de extremo desequilíbrio se consumasse. Perto do povoado em que vivia, um rio pouco volumoso contornava o local como uma serpente que envolve a sua presa. Se era inexpressivo na época de pouca chuva, agigantava-se quando a água generosa descia dos céus. Reobaldo sabia dessa realidade e arquitetou o seu fim físico exatamente na época das chuvas intensas. O rio tornou-se caudaloso. As águas rolavam com barulho ameaçador enquanto se chocava com as pedras de maior porte, que repousavam em seu leito. E numa noite de céu encoberto por pesadas nuvens, que prenunciavam temporal iminente, ele entrou numa frágil ponte que atravessava acanhadamente de uma margem para a outra do rio. Olhou em direção ao povoado onde conhecera Helena e onde seu amor por ela nascera e crescera, atingindo à proporção que mortificava a sua alma ao perdê-la.

"Onde estariam àquela hora em que ele providenciava o fim da sua existência? Felizes com certeza, na presença de filhos com que a Natureza os havia presenteado e em algum lugar mais aprazível que o povoado miserável onde se encontrava. Helena o havia traído na intensidade dos seus sentimentos. Afrânio invadira e expulsara a sua chance de ser totalmente feliz naquela vida. Ele partiria para o mundo dos mortos. Mas os traidores também teriam o mesmo destino no final da existência, já que a morte era uma realidade para todos os mergulhados na vida. E lá, nesse lugar perdido de onde ninguém havia voltado para contar coisa alguma, ele, Reobaldo, aguardá-los-ia para o devido acerto de contas" – eram os pensamentos que deslizavam céleres pela mente do atual obsessor enquanto se preparava para deixar a vida através do autocídio havia três séculos!

A tempestade não se fez esperar. Desabou intensa. As águas, já agitadas pelas chuvas anteriores, tornaram-se violentas. Era a hora que Reobaldo esperava para não ter nenhuma chance de falhar em seu plano sinistro. E, entre relâmpagos e raios a rugirem ao longe, atirou-se nas águas do rio, no silêncio da noite, oculto da visão dos homens, mas não ignorado pelas Leis de Deus.

Irmão Valêncio deu uma pausa para a reflexão dos amigos presentes, que não esperavam a revelação que estavam tendo por parte do Mentor.

– Por consequência ao ato extremado de atentar contra a própria vida física, Reobaldo mergulhou em regiões espirituais compatíveis com o seu estado de consciência para que tivesse a oportunidade de refletir sobre as consequências negativas da sua decisão. As Leis não visam punir, mas nos conduzir à reflexão de nossas escolhas, realizadas na posse do livre-arbítrio. Não é necessária a existência de um inferno exterior para aquele que está íntima e gravemente transtornado. E essa era a situação de nosso irmão que agora se volta com o desejo de exercer a justiça com as próprias mãos. Após um século de estágios em regiões adequadas à sua reflexão, e posterior tratamento em hospitais da espiritualidade, Reobaldo foi conduzido a uma nova reencarnação. Em consequência ao ato do suicídio, renasceu em corpo com graves problemas nas vias respiratórias, o que exigia dos pais, Helena e Afrânio, novamente juntos, uma grande soma de renúncia de si mesmos para se dedicarem ao filho pequeno. Entretanto, não souberam aproveitar a oportunidade e optaram por livrar-se da criança que exigia deles situação de grande desprendimento de si mesmos e dos prazeres da vida material. Como se pudessem se desfazer dos compromissos determinados pelas Leis maiores da vida, acabaram por abandonar Reobaldo, recém-nascido, em uma porta qualquer e fugiram sem olhar para trás. Em consequência do abandono sofrido, Reobaldo teve curta existência nessa reencarnação que acenava com a oportunidade de recomposição para os três: Helena e Afrânio devolveriam a ele, na posição de filho, o amor que dele subtraíram quando decidiram destruir seus sonhos passados na posição da noiva infiel e do intrometido que a roubara de seu coração.

    Assim que recobrou a consciência na dimensão espiritual da existência, Reobaldo foi convidado ao perdão e a uma nova oportunidade de reajuste junto àqueles dois Espíritos que haviam falido junto a ele e lhe imposto uma forma de nova traição, através do abandono sofrido quando ainda criança, extremamente necessitada do amparo de pais dedicados.

Radicalizou posição no ódio e no sentimento de vingança, apesar dos constantes apelos em contrário, como todos aqui presentes tiveram oportunidade de presenciar algumas vezes, apelos esses que tinham continuidade na dimensão espiritual da existência.

– Irmão Valêncio, foi por isso que ele se referiu, em uma das suas comunicações, a uma figura feminina? – indagou Mário, para maiores esclarecimentos do grupo ali reunido.

– Sim. Ele planeja vingar-se também de Helena, só que de maneira mais branda, devido ao eco do amor que por ela sentiu um dia. Mas, ao reencontrá-la, sentirá o desejo de se vingar, porque está ferido em seus sentimentos mais puros, por parte dela.

– Mas parece que ainda não a localizou, pelo que informa em suas manifestações em nosso grupo – tornou a argumentar Mário.

– Prezados companheiros. O desenrolar dos acontecimentos irá nos esclarecer sobre esse e outros diversos pontos. Creio que, para a noite de hoje, tivemos acesso a muitos dados a fim de compreender como a vida imortal age e leva seus participantes a interagirem entre si. Resta-nos acompanhar com respeito e aproveitar as lições que essas tragédias ensejam para o nosso aprendizado, porque hoje se trata de Reobaldo, amanhã poderá ser qualquer um de nós. Muita paz ao grupo e muita oração para os envolvidos nessa história, meus irmãos!

Desligou-se do médium e deixou a todos muitos pontos profundos de reflexão da atitude deles perante a existência...

Capítulo 22

GRAVES

Acontecimentos

Um bom tempo se passou. André completava os dezesseis anos de idade naquela atual reencarnação. As medicações para as convulsões tiveram de ser mantidas porque, nas tentativas de suspendê-las, as crises retornavam.

Porém, naquela manhã de domingo, quando Vera procurou pelo filho no quarto dele, o jovem estava atirado ao chão e apresentando nova crise convulsiva.

Chamou imediatamente a Eduardo:

– Eduardo! Venha logo, que nosso filho está novamente tendo uma convulsão!

Imediatamente, foi conduzido ao hospital, e, após a medicação adequada, o médico neurologista que acompanhava André conversou com Vera:

— Dona Vera, estou solicitando uns exames a mais devido ao fato de as convulsões terem voltado de forma inesperada, já que seu filho estava livre delas.

— Mas suspeita de algo grave, doutor? — indagou a mãe, aflita.

— Falarei com a senhora assim que confirmar minha suspeita. Tenha só mais um dia de paciência, e poderemos conversar com mais segurança sobre o motivo do retorno das convulsões dele.

E essas vinte e quatro horas foram se escoando, na ampulheta do tempo, de maneira lenta e angustiosa.

"Será que André apresentava algum problema grave no cérebro que justificasse o retorno às convulsões? Ele estava bem há anos!" — perguntava a si mesmo.

— Estou preocupada com as palavras do médico, Eduardo! Será que nosso filho vai apresentar alguma novidade ruim nos exames?!

— Vera, só nos resta aguardar essas poucas horas que faltam, e o doutor virá conversar conosco. Não devemos, contudo, deixar a nossa fé ser abalada. Recorreremos aos amigos espirituais novamente, e, com certeza, eles irão realizar a parte deles em auxílio à Medicina dos homens, meu bem — respondeu Eduardo, abraçando a esposa no quarto do hospital onde o filho se encontrava.

Finalmente as horas se passaram, e o médico entrou no quarto para esclarecer os pais de André.

– E aí, doutor? Algo grave com o nosso filho? – perguntou rapidamente a mãe.

– Calma, dona Vera. Diria que é preocupante o que os exames de laboratório acusaram!

– E o que é, doutor? Tem cura?! – perguntou aflita a mãe, de olhos muito abertos.

– Volto a pedir calma, dona Vera. Vou explicar tudo. O seu filho não tem nenhum tumor no cérebro se é isso que estava pensando.

– Ainda bem, meu Deus! – exclamou a mãe, sentando-se em um sofá do quarto.

– Do que se trata então, doutor? Por que ele voltou a ter convulsões? – foi a vez de Eduardo perguntar.

– Os exames que solicitei para André revelaram que ele utilizou maconha. E o uso dessa substância favoreceu o aparecimento das convulsões.

– Maconha, doutor?! – exclamaram quase ao mesmo tempo os pais.

– Sim. Infelizmente, vocês vão ter uma batalha contra o uso dessa droga que vitima milhões de pessoas, se tomarmos como referência o mundo todo. É uma briga difícil, mas possível de ser vencida – colocou o médico.

Eduardo sentou-se em outra poltrona do quarto, junto da esposa, e pegou em uma das mãos dela.

– Sei que é desagradável esta notícia, mas não vamos tratá-la como uma tragédia que não possa ser vencida, meus amigos – argumentou o médico no sentido de transmitir forças aos pais.

– O senhor tem razão, doutor. Já tivemos outros problemas com nosso filho e vencemos. Não será desta vez que isso não irá acontecer novamente – respondeu Eduardo, apertando firmemente a mão da esposa e pondo-se em pé novamente.

– Isso mesmo, Eduardo! Filhos são assim mesmo! Estão a nos solicitar pelo resto de nossa vida, pelos mais diferentes motivos. Até mesmo depois que se casam! Saem do útero materno e entram em nossas cabeças pelo resto de nossas vidas.

Aguardou alguns instantes e orientou:

– Manteremos as medicações, e vocês providenciem, o mais rápido, um tratamento de apoio a ele, em relação ao uso da droga. Tenho certeza de que conseguirão.

– Nós também, doutor – colocou Vera, levantando-se da poltrona em atitude decisiva de lutar por André.

– Não sou psicólogo ou psiquiatra, como bem sabem, amigos. Como neurologista, porém, recomendo que não façam críticas para não afastá-lo de vocês. Aconchego e muita paciência, ao mesmo tempo em que a terapia adequada auxilie a tratar do problema. Trazê-lo o mais perto de vocês, principalmente do coração, é uma arma poderosa. E não se sintam como os únicos pais do mundo com esse problema. São milhares ou milhões espalhados por esse mundo afora, como já comentei anteriormente. Muita força, Vera e Eduardo – disse o médico, abraçando os dois e despedindo-se do casal, ao mesmo tempo em que providenciava a alta médica do rapaz.

– Eduardo, a calmaria da gestação de nosso filho só durou os nove meses porque, depois desse tempo, a cada hora surge um problema com ele, não está sendo assim? – perguntou Vera ao marido, procurando consolo enquanto ainda não estavam na presença de André, que tinha ido ao banheiro para se trocar.

– Cada filho é de um jeito, amor! Desde a gestação e pelo resto da vida porque cada Espírito que reencarna necessita de determinadas provas e expiações. Por isso, as coisas não podem seguir caminhos iguais – argumentou Eduardo.

– Será que esse problema do uso dessa droga ilícita tem influência da namoradinha que ele arrumou?

– Vera, os Espíritos nos ensinam que as tentações existem dentro de nós mesmos primeiramente. É evidente que as companhias influenciam. Só que não podemos fazer acusações sem conhecer como as coisas iniciaram, e que somente ele poderá dizer, embora vá se recusar a tocar no assunto. Pelo menos, a princípio.

– Esse menino parece que tem algum inimigo do passado, por esses problemas que vão se sucedendo com ele desde a infância!

– Pode até ser, Vera. Só que cabe a nós agir e reagir para auxiliá-lo a convencer o inimigo espiritual, caso exista, a desistir de suas intenções. Como nos ensina a Doutrina, o obsessor de hoje foi o agredido de ontem, de tal maneira, que estamos todos envolvidos em um emaranhado de desacertos que nos cabe ir desfazendo. Funciona assim como se você tivesse um novelo de linha nas mãos e que apresentasse muitos nós. Para utilizá-lo, tem de desfazer esses nós. Nossa vida é semelhante ao novelo. Precisamos ir desatando os problemas, que criamos de livre e espontânea vontade, meu amor.

Abraçou a esposa e, aproveitando a ausência do filho, completou:

– Temos uma longa batalha pela frente e utilizaremos todas as nossas armas como temos feito até agora, meu bem. Vamos procurar os recursos dos homens e dos Espíritos amigos para darmos conta de nossa responsabilidade de pais.

Nos dias que se sucederam, depois de um diálogo amigo com os pais, André acabou aceitando o tratamento de apoio necessário para que pudesse vencer o vício a que dera oportunidade. Porém, quando tudo parecia estar no "trilho" novamente, apesar das lutas necessárias para essa conquista, tocaram a campainha da casa de Eduardo e Vera. Vera foi atender atenciosa.

– Pois não, senhora?

Apresentou-se, então, uma mulher de seus trinta e poucos anos, com uma expressão pouco amiga no rosto.

– A senhora é a mãe de um adolescente de nome "André"?

– Sim, minha amiga. Meu nome é Vera. E o seu? Mas não precisa me chamar de "senhora", por favor! Vamos entrar para conversarmos melhor acomodadas.

Já no interior da residência, mais precisamente na sala de visitas, a mulher que mantinha a "cara de poucos amigos" continuou:

– Pois é, Vera! Eu me chamo Eunice. Não sei se você sabe, mas o seu filho é o namorado da minha filha.

– Na verdade, não sei, não. O que sei é que ele tem uma namoradinha, mas de quem se trata, realmente, não sei.

– Então! É a minha filha Suzane. Da mesma idade que ele. Apenas dezesseis anos! Não é essa a idade do seu filho?

– Sim, minha amiga. André tem dezesseis anos. Na verdade, são duas crianças, não é?

– Sim. São duas crianças.

– Pois então...

– Mas que já são capazes de fazer outra criança, Vera!

A mãe de André empalideceu!

– Como assim, Eunice?!

– Pergunte ao seu filho. Ele deve saber explicar melhor do que eu a falta de responsabilidade desses dois descabeçados! Suzane já está no quinto mês de gestação. Escondeu de mim até agora.

– Mas são duas crianças, Eunice! Vamos procurar equacionar o problema dos nossos filhos. Principalmente dessa criança, que está vindo sem culpa disso!

– Mas o problema não para por aí, Vera!

– Como assim?! Sua filha está grávida, não é esse o problema, Eunice?

– É um dos problemas!

– Mas... meu Deus! Qual seria o outro?!

– No ultrassom para acompanhamento da gestação, foi detectado que a criança nascerá com problemas físicos e, talvez, até mentais, Vera!

– Meu Deus!

– É! Para você ter uma pálida ideia do que esses dois malucos foram fazer!

– Entendo a sua posição, Eunice, mas deixo bastante claro, desde já, que resolveremos juntas esse problema!

– Não, Vera! Eu já tenho a solução!

– Como assim, Eunice?!...

– Minha filha vai abortar esse projeto de gente deficiente! Não vou permitir que venha ao mundo mais um aleijado!

Aquelas palavras rudes e frias atravessaram o coração de Vera com a força de um punhal!

– Mas, Eunice! Trata-se de uma vida!

– Sim! Claro! De um ser defeituoso, que irá arrasar a nossa vida e a de nossos filhos!

— Mas dividiremos as responsabilidades, Eunice! Matar um ser indefeso e inocente é a pior opção, e não representa solução nenhuma para o problema!

— Vera! Vejo que você é uma dessas que é contra o aborto. Pois então, preste bem atenção ao que vou deixar claro para você, para o seu marido e para esse descabeçado do seu filho: ou você cria esse infeliz, ou ele não vai nascer! Assim que ele vier ao mundo e tiver alta do hospital, você o traz para a sua casa! Não quero vê-lo e muito menos que minha filha o veja, para não se traumatizar! Ou aceita essa condição, ou vou levar minha filha para alguém provocar o aborto. Não vou estragar a minha vida e a da minha filha por culpa dele!

— Calma, Eunice! Vamos pensar juntas numa solução que seja a melhor para todos. Matar não é e nunca foi solução para problema algum!

— Não vou ficar aqui discutindo o que você pensa! Daqui a uma semana, venho saber a sua decisão. Converse com os seus familiares. Ou vocês assumem o que o filho de vocês fez, ou essa criança não vai nascer!

Levantou-se bruscamente da sala, despedindo-se dura e friamente:

— Uma semana! Nem um dia a mais! Ou criam

essa criança deficiente, já que são contra o aborto, ou minha filha não levará adiante essa gravidez!

E saiu pisando duro a visitante, extremamente mal-humorada e agressiva.

"Meu Deus! Mais um problema dentro de casa! O que será que eu e Eduardo fizemos para que tantas dificuldades se sucedessem na nossa vida?" – perguntava-se Vera, arrasada, ao mesmo tempo em que desabava em um sofá e meditava nas barbaridades que ouvira da visitante inesperada e cruel daquele dia.

Quando o marido chegou, Vera, com lágrimas a escorrer-lhe enquanto narrava a visita que recebera naquele dia, abriu o seu coração, buscando pelo socorro mais uma vez.

– Meu bem. Se não tivéssemos religião, nossa escolha seria muito fácil! Mas, como somos espíritas, a escolha é mais fácil ainda: se André é realmente o pai dessa criança, ela virá para esta casa! Ou será assim, ou nunca mais terei a coragem de entrar no *Recanto de Luz* ou em qualquer outro Centro Espírita!

Capítulo 23

AS PROPOSTAS DO

Amor

ENQUANTO VERA, ANDRÉ E AS SUAS IRMÃS SE REUniam em torno do berço da criança com deficiência física, no *Recanto de Luz* Valêncio se manifestava por meio de uma das mediunidades presentes no conhecido grupo, que mal imaginava as lições que iria receber naquele dia.

– Prezados irmãos e companheiros da caminhada evolutiva, muita paz! Nesta noite de bênçãos para a nossa Casa, trago a autorização dos planos maiores da vida infinita para as lições que se seguem e que devemos interpretar como as propostas do Amor para o drama de nosso irmão Reobaldo.

Como muitos de vocês já suspeitavam de algumas situações inter-relacionadas no drama que temos acompanhado, podemos agora esclarecer toda a amplitude da Misericórdia Divina para com todos os envolvidos.

Já revelei aos amigos, e é de boa decisão relembrar, o golpe que Reobaldo sofreu há três séculos, com a decepção amorosa causada pela decisão de Helena e Afrânio de se consorciarem, aniquilando os sonhos dele, naquela existência, em ser feliz junto à mulher amada.

Infelizmente, nosso irmão optou pela solução sempre enganosa do suicídio, que nada resolve, para fugir à realidade que o atingiu naquela existência. Na mente perturbada intimamente, e insuflada por companhias espirituais desejosas de que o desastre físico e moral se consumassem, a fuga da vida material não nos retira da vida imortal e, com certeza, agrava todo e qualquer problema, por pior que esse problema se apresente. Envolvido nesse estado interior, profundamente doloroso e desorientador, acabou por atirar-se nas águas caudalosas do rio que contornava o pequeno vilarejo em formato de um abraço sinistro.

O suicídio é um ato de protesto contra a Providência Divina, em que o ser se julga injustiçado pelo Criador e volta-se contra si mesmo, numa espécie de tentativa de aniquilar aquilo que Deus criou.

Mergulhou, dessa maneira, o irmão Reobaldo, em regiões de sofrimento que construiu mentalmente, fruto da consciência culpada, junto a outros seres que para lá se direcionaram, por terem utilizado a mesma saída enganosa que ele. Frisamos bem e voltamos a dizer que não se tratava de um castigo de Deus, mas de uma consequência da decisão tomada por ele, de posse do seu livre-arbítrio.

Mesmo assim, a Providência Divina, que nos criou e procura educar e não punir, a ninguém abandona, por piores que sejam as escolhas erradas que possamos fazer.

Reobaldo foi sempre acompanhado, como todos nós, em sua situação e socorrido à medida que acenava com melhoras que propiciavam esse socorro, trabalhado pela dor que esculpe, em cada um de nós, a perfeição, para a qual fomos criados um dia.

A dor, quando não permitimos a presença do amor, é a escultora que, recebendo um bloco de mármore bruto, como podemos considerar que somos no início da criação, vai aplicando o seu cinzel e dando forma à criatura perfeita da obra da criação de nosso Pai.

O nosso irmão, recolhido em instituição especializada em acolher os suicidas, ali recebeu os socorros necessários, sendo preparado para uma nova reencarnação.

 Novamente, a Misericórdia de Deus reuniu, no ambiente do lar, Reobaldo, Afrânio e Helena. O primeiro, na posição de filho do casal que o levou ao suicídio, ao perder o amor da pessoa amada. Helena e Afrânio teriam a possibilidade de devolver a ele o amor que não o abençoara em existência anterior. Contudo, como Reobaldo cometera o suicídio, retornou em um corpo físico que assinalava as consequências do afogamento no rio onde se lançou. Os pais, ao constatarem o trabalho que esse filho exigiria, o grau de renúncia necessário para ser amparado em suas limitações, fizeram a opção pelo menor esforço e o abandonaram em uma porta qualquer, de pessoas estranhas.

 Vitimado pela enfermidade de considerável gravidade, de que era portador, como consequência do atentado contra a própria existência, não encontrou na Medicina dos homens, daquela época, os recursos necessários para sua sobrevivência, vindo a desencarnar em idade ainda tenra.

 Porém, se o corpo físico era de uma criança, o Espírito era e é milenar. Ao tomar consciência da razão do seu retorno ao mundo espiritual, pela frieza dos pais, mais se acentuou nele o sentimento de ódio contra Helena e Afrânio. Cultivou o desejo de vingança e a aplicação da justiça com as próprias mãos, apesar das muitas tentativas, realizadas pelos Espíritos amigos encarregados de ampará-lo em seu drama, de demovê-lo desse propósito.

O ódio predominou em Reobaldo, que aguardou ansiosamente pelo retorno de ambos ao mundo espiritual, para o devido acerto de contas.

Em relação a Helena, ela retornou pela bênção da reencarnação antes que ele pudesse encontrá-la, mas Afrânio foi descoberto e feito prisioneiro dele nas regiões inferiores onde estagiava, por sua vez, para meditar em seus desatinos.

Por ocasião de um ataque contra o *Recanto de Luz*, trabalhadores abnegados da nossa Casa conseguiram resgatá-lo do poder de Reobaldo, que despejaria sobre ele toda a sua ira de centenas de anos.

Passou, então, a acreditar que a sua vítima estaria escondida por nós, em algum recanto da Espiritualidade, e se enfureceu ainda mais.

Quando viu a figura de Afrânio resgatada e livre dos seus domínios e desejos infelizes, passou a mobilizar todo o auxílio que conseguiu na dimensão espiritual da existência para localizar o tal esconderijo, onde aquele que julgava como seu prisioneiro pudesse estar.

Como a rede do mal pode se auxiliar para planos sinistros, onde impera o ódio, Reobaldo localizou Afrânio reencarnado, ocasião em que se manifestou neste grupo e apenas riu, escandalosamente, sentindo-se vencedor, já que imporia a Afrânio, reencarnado, uma perseguição tenaz para atormentá-lo na nova existência corporal.

Após este breve resumo deste doloroso e lamentável drama da vida que se desdobrou para além das fronteiras da morte, deixamos os amigos à vontade para as perguntas que puderem esclarecê-los e a auxiliá-los a extrair mais lições de todo esse sofrimento dos envolvidos.

O grupo encarnado foi pego de surpresa com essa proposta de Valêncio. Para quebrar o impacto da inesperada situação, Mário resolveu dar prosseguimento aos ensinamentos daquela noite.

– Irmão Valêncio. Primeiramente, agradecemos aos planos mais elevados da vida que permitiu os esclarecimentos que nos foram trazidos com o propósito de aprendermos.

– Exatamente, irmão Mário. O objetivo jamais tem compromisso com a curiosidade, mas com o aprendizado e alerta para atitudes que todos nós podemos assumir perante a vida, com as consequências terríveis que estamos assistindo nesse drama.

– Sim. Manteremos esse aviso em nossa mente

e coração. Sempre com esse propósito, pergunto se Afrânio é André reencarnado?

– Perfeitamente. Como os amigos já foram capazes de deduzir, Afrânio é exatamente André, reencarnado no lar de Eduardo e Vera.

– É por esse motivo que a criança sofre os problemas que nosso companheiro e Vera trouxeram até nossa Casa, para o auxílio dos amigos espirituais?

– Sim. Afrânio, reencarnado como André, sofria a perseguição de Reobaldo desde a infância, assim que fora descoberto nessa nova existência. Ele, ao descobrir quem era André, passou a atormentá-lo desde a infância, causando os problemas que foram desencadeados na criança ainda pequena, que chorava muito à noite e, um pouco mais tarde, na forma assustadora do "bicho", que o menino descrevia aos pais. Reobaldo deformava seu perispírito, conferindo a ele a figura de um animal para causar mais pavor à criança, aproveitando-se do susto levado pelo menino junto ao cachorro durante o passeio com os pais.

– Irmão Valêncio, com essa atitude, o obsessor atingiu não somente o nosso filho André, mas também a minha esposa Vera. Por que se voltou para atormentar a mãe também, além do filho? – colocou Eduardo.

– Com certeza, irmão Eduardo, Reobaldo não chegou a descobrir, mas nossa amiga Vera é Helena reencarnada. Ela e o filho, na atual existência, estão ligados por um laço de amor mais intenso, e mais sublimado, na posição de mãe e filho.

– Mesmo as convulsões que surgiram mais tarde tinham como causa a perseguição de Reobaldo? – voltou a perguntar Eduardo.

– Exatamente. Reobaldo passou a agir de tal maneira, que o cérebro físico do seu perseguido foi atingido, desencadeando os processos convulsivos que vitimaram André e que foram controlados porque a medicação impediu que o corpo material respondesse ao ataque do obsessor.

– E com toda essa perseguição, ele conseguiu atingir não somente André, mas também a mim e a minha esposa... – observou novamente Eduardo.

– Como explicamos anteriormente, o objetivo do obsessor é trazer transtorno à sua vítima. Se outras são envolvidas nesse processo, para eles isso não importa. Quanto mais sofrimentos conseguem semear, mais realizados se sentem, porque desconhecem ou não acreditam na semeadura e colheita. Reobaldo não conseguiu descobrir que Vera fosse Helena reencarnada, mas sentiu prazer com a angústia da mãe com os problemas que vitimavam seu filho André. Percebeu que, atingindo ao filho, ele alcançava a mãe e, embora não conseguisse relacionar os fatos, passou a impor a Vera as dificuldades que ela tivera de enfrentar, como um mecanismo de perturbar o lar onde o seu inimigo estava reencarnado, como André. Essa satisfação que sentiu ao atingir a mãe do menino levou-o a suspeitar de que ela pudesse ser aquela a quem ele procurava, mas não conseguiu chegar, definitivamente, a essa conclusão. Foi interceptado a tempo em suas atitudes para que o ódio não se avolumasse ainda mais, atrapalhando os planos do Amor.

– Devo entender, dessa maneira, que os problemas que atingiram Vera pela madrugada foram causados por Reobaldo agindo também sobre ela? – voltou a perguntar Eduardo.

– Sim, pelos motivos que acabamos de explicar anteriormente. E, se o irmão me permite, sem entrar na sua intimidade, os outros problemas vivenciados com companheiros de seu local de trabalho também. Eram meios de atingir o *Recanto de Luz* e também a sua esposa.

– Entendo!... – balbuciou Eduardo, relembrando o envolvimento com Sílvia, principalmente o telefonema que Vera recebeu.

– Os problemas vivenciados pelos companheiros Eduardo, Alfredo, Luíza, Raquel e Ângela foram todos arquitetados por Reobaldo para desestabilizar nosso local de trabalho, o *Recanto de Luz*.

Felizmente, graças ao empenho de nossos companheiros encarnados, conseguimos manter este nosso lar espiritual e continuamos a trabalhar e servir a Jesus.

Fez uma pausa e retornou às explicações para Eduardo.

– Inclusive, Eduardo, os problemas mais recentes do seu filho André, que não iremos entrar em detalhes por respeito à intimidade da família, também tinham a participação do nosso irmão Reobaldo, valendo-se do auxílio da namoradinha do adolescente, jovem que permitia o assédio dele pelos pensamentos imaturos que alimentava.

Irmão Valêncio fez silêncio em suas explanações, aguardando novas perguntas.

– Se me permite, irmão Valêncio, onde está Reobaldo, que parece ter se afastado do nosso grupo e desta Casa? Teria sido finalmente convencido de que o ódio não vale a pena? – foi a vez de Mário indagar ao Mentor.

Valêncio sorriu na dimensão espiritual da existência.

– Irmão Mário, Reobaldo persiste nesse sentimento de intenso desequilíbrio há três séculos e não iria se convencer em tão pouco tempo, não concorda? Nada dá saltos na Natureza, incluindo também nossa caminhada em busca da perfeição.

– Entendo a sua ponderação, irmão Valêncio. Mas onde está ele, então?

– Ah! Esta foi a proposta final feita pelos planos do amor, meus amigos e irmãos! Sintam a grandeza da Misericórdia Divina!

Irmão Reobaldo, pelo exercício do ódio durante todo esse tempo, apresentou deformidades em seu perispírito. Assumiu a forma de animal à visão de André quando pequeno, o que fazia a criança relatar aos pais que existia um "bicho" no seu quarto. A fixação na ideia de vingança foi acarretando comprometimentos no seu corpo perispiritual, a exigir uma cirurgia reparadora, através da reencarnação em um corpo com deformidades, mecanismo apropriado a devolvê-lo à sua forma habitual após um período nesse mesmo corpo.

Quando a jovem Suzane engravidou de André, surgiu a ocasião perfeita para tal intento. André seria pai daquele a quem infligira sofrimentos em existências passadas, e Vera, a sua avó paterna. Plano perfeito da Justiça Divina! Porém, surgiu o empecilho na figura da mãe da moça, Eunice, que preferia a solução criminosa do aborto a deixar a gestação se consumar, permitindo o nascimento de uma criança com más-formações.

Esse foi o momento decisivo de Helena, agora como Vera, optar pela oportunidade de resgatar a desarmonia de que participou há trezentos anos e que deu origem a tanto ódio, posicionando-se, de forma segura, contra o atentado à vida de Reobaldo, em processo de reencarnação na posição de seu neto.

Dessa maneira, a solução perfeita surgiu: Reobaldo está retornando como filho de Afrânio, agora André, e neto de Helena, atualmente na posição de Vera. Equação perfeita para devolverem a Reobaldo o amor do qual se viu subtraído em duas das existências passadas.

A alma dos encarnados presentes naquela noite inesquecível estava plena de agradecimento à grandiosidade da Misericórdia Divina. Uma sensação de paz completa envolvia a todos no silêncio que se fizera após as últimas palavras de Valêncio. Tinham, mesmos os presentes àquela reunião, a impressão de ouvirem uma música muito suave, que preenchia o ambiente com cântico longínquo de agradecimento ao Criador.

Ninguém ousava falar para não quebrar o clima de paz inenarrável que invadia o ambiente e o íntimo de todos.

Passados alguns momentos, em que o tempo deu a sensação de ter parado, foi Valêncio quem fez uso da palavra:

– Perdoem-me pelo engano, meus irmãos. Disse que a reencarnação de Reobaldo era a proposta final do amor nesse drama todo. Enganei-me! O amor tem uma proposta mais definitiva, que gostaria de deixar aos amigos presentes e, da mesma forma, aos companheiros desencarnados. Aliás, essa proposta é muito antiga e foi feita para a eternidade afora: *Amar a Deus sobre todas as coisas e ao próximo como a si mesmo!*

Muita paz!

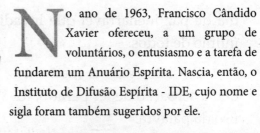

No ano de 1963, Francisco Cândido Xavier ofereceu, a um grupo de voluntários, o entusiasmo e a tarefa de fundarem um Anuário Espírita. Nascia, então, o Instituto de Difusão Espírita - IDE, cujo nome e sigla foram também sugeridos por ele.

A partir daí, muitos títulos foram sendo editados, e o Instituto de Difusão Espírita, entidade assistencial sem fins lucrativos, mantém-se fiel à sua finalidade de divulgar a Doutrina Espírita através da IDE Editora, tendo como foco principal as Obras Básicas da Codificação, sempre a preços populares, além dos seus mais de 300 títulos em português e espanhol, muitos psicografados por Chico Xavier.

O Instituto de Difusão Espírita conta também com outras frentes de trabalho, voltadas à assistência e promoção social, como albergue noturno, acolhimento de migrantes, itinerantes, pessoas em situação de rua, acolhimento e fortalecimento de vínculos para mães e crianças, oficinas de gestantes, confecção de enxovais para recém-nascidos, fraldas descartáveis infantis e geriátricas, assistência à saúde e auxílio com cestas básicas, leite em pó, leite longa vida, para as famílias em situação de vulnerabilidade social, além dos trabalhos de evangelização infantil, mocidade espírita, artes (teatro, música, dança, artes plásticas e literatura), cursos doutrinários e passes.

Este e outros livros da **IDE Editora** subsidiam a manutenção do baixíssimo preço das **Obras Básicas, de Allan Kardec**, mais notadamente, "O Evangelho Segundo o Espiritismo", edição econômica.

ideeditora.com.br

✷

Acesse e cadastre-se para receber
informações sobre nossos lançamentos.

twitter.com/ideeditora
facebook.com/ide.editora
editorial@ideeditora.com.br

ide

IDE Editora é apenas um nome fantasia utilizado pelo INSTITUTO DE DIFUSÃO ESPÍRITA, entidade sem fins lucrativos, que promove extenso programa de assistência social, e que detém os direitos autorais desta obra.